アレの名前大百科

みうらじゅん 監修

PHP文庫

○本表紙図柄＝ロゼッタ・ストーン（大英博物館蔵）
○本表紙デザイン＋紋章＝上田晃郷

はじめに

名前を知りたいのは本能&ボンノウ

「アレ」とか、「アソコ」なんていうと、とても卑猥なイメージがあるけど、もともとはすべてのものが「アレ」とか、「アソコ」なんて呼ばれていたに違いない。

文明というものは「どのアレ?」とか、「どのアソコ?」と、いちいち聞き返されなくてもすむように細部にも名称をつけるところからはじまったのだと思う。いうなればほかの部分と区別することによって、その部分を明確にし間違えないようにする便利の発明だ。

しかし、現代はモノが多すぎて名称も多すぎる。万物を理解して死ぬ者などほとんどいない。釈尊はずっと昔から目にみえるものに囚《とら》われるなとおっしゃった。そして、万物は流転し続け、〝空《くう》〟であると悟られた。それは、有るようにみえているだけであって、そのものには実体がないと。

でも、気にはなるアレの名前。知って何になるわけではないが、〝そう呼んでるのね〟と、納得したくなる。それがボンノウというもの。子どものころ、女子のスカートをめくって〝何色のパンツ〟なのか確認したくて堪《たま》らなかったあの感じに似ている。

知ることが教養だというのは間違いである。要するに、人間には知らないことを覗《のぞ》き見したい本能&ボンノウがあるってこと。

本書は、「この名称は何ですかね?」と、いきなり問われ、苦し紛れにテキトーな解答をしたことからはじまった。いや、はじまってしまった。本来なら人は自由なんだから、自分でわかる範囲の呼び方を考えればいい。でも、そればっかりの人生では社会のなかで浮いてしまう。

ほどほどがいい。ほどほどに知っていて、知らないのがいいんじゃないのか。僕はもう大切な思い出を大事にしたいので、これ以上新しいものを覚える気がない。みなさんはどうですか?

みうらじゅん

アレの名前大百科

目次

PART.1 ズバリ！　名前をあててください

PART.2

街でみかけるアレの名前

PART.3

世界の国からアレの名前

PART.4

名前でわかる？ アレの名前

PART.5
あなたの体のアレの名前

PART.6

意外な名前のアレ

PART.7

あなたももっているアレの名前

PART.8

あなたの家にあるアレの名前

本書の使い方

本書をお読みになる前に、以下の点に注意してください。

問題と答えの掲載位置について

PART.1（19〜48ページ）、PART.4（109〜132ページ）、PART.6（149〜170ページ）、PART.7（171〜188ページ）、PART.8（189〜208ページ）は左ページに問題、ページをめくった次の右ページにその答えと解説が掲載されています。これらのパートを読む際には、問題の前に答えをみないように気をつけてください。

残りのPART.2（49〜73ページ）、PART.3（77〜105ページ）、PART.5（133〜145ページ）は見開きページに問題、ページをめくった次の見開きページにその答えと解説が掲載されています。

問題の形式について

PART.1、PART.2、PART.3、PART.5、PART.7、PART.8は写真やイラストに描かれた「モノの名前」を予想するページです。PART.4は「モノの名前」からどのようなモノかを予想する、PART.6は三択から予想するページです。

みうらさんの勝敗数について

問題ページであなたと一緒にみうらさんも答えを予想しています。答えページにその時点におけるみうらさんの勝敗数を掲載しました。あなたも勝敗数をカウントして、みうらさんに負けないよう頑張ってください！

PART.1

ズバリ！　名前をあててください

まずは一枚の写真をみて「モノの名前」をあててみよう。
どんなものか知っているはずなのに、
名前が出てこなくてポカンとすること間違いなし！

これから出てくる写真をみて、
その名前を考えよう！
みたことはあるけど、
名前が思いつかないものばかり。
ページをめくると、答えがわかるよ。

Let's go !

問題

001

食パンの袋の口をとめる凱旋門みたいなアレ

答え

001

「クロージャー」

食パンの袋を閉じている切り込みの入った小さなプラスチック片はアメリカ生まれで、バッグ・クロージャーといいます。クロージャーは英語のclosure＝「閉じるもの」という意味で、クロージャー、クイック・ロックとも呼ばれます。

一九五二年にクイック・ロック社の創立者、フロイド・パクストンが発明しました。「りんごを詰めた袋の口を閉じるのに便利なものはないだろうか」と業者から相談を受けていたパクストンは、移動中の飛行機内で思いつき、もっていたプラスチックの破片とポケットナイフでクロージャーの原型をつくったのです。

六〇年代に自動結束機が開発されてオートメーションが可能になると、大手製パンメーカーの採用を皮切りに、あっという間に世界中に広まりました。日本に上陸したのは七〇年代後半ごろです。

クロージャーの製造は、特許をもつクイック・ロック社が独占しています。日本国内に流通しているものは、埼玉県川口市のクイック・ジャパン社でつくられていて、生産個数は年間三〇億個以上になるというからすごい！　最近では広告やレシピを掲載できる大判のラベル・クロージャーも人気があります。

問題

002

ミカンの皮についている白いアレ

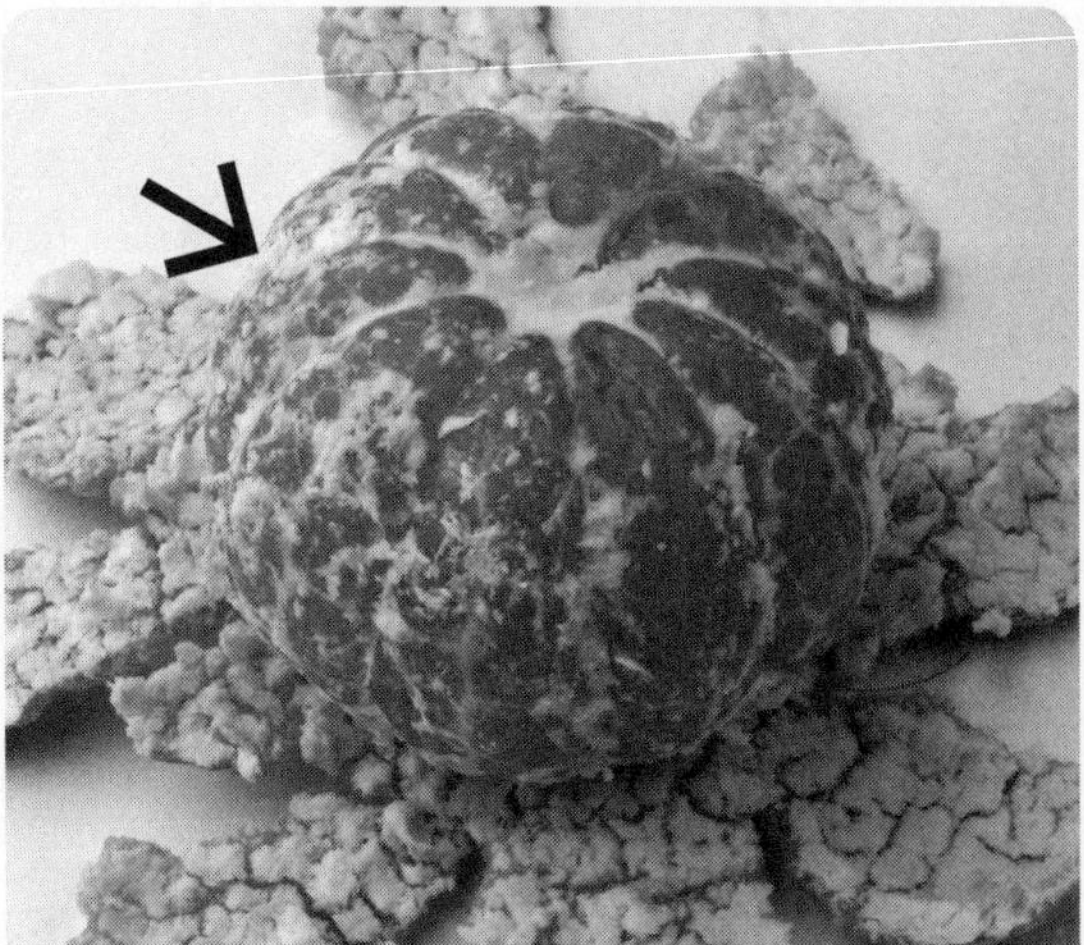

みうらさんの解答

「ヘソの緒」。

名称を知ると食う気がなくなる。

答え
002
「アルベド」

ミカンの皮と果肉の間にある白いアレは、業者の間では「すじ」と呼ばれますが、正式名はアルベドといいます。「白さ」を意味するラテン語のalbēdōという言葉が由来で、果皮に網目のように広がる部分は維《い》管束《かんそく》といいます。

一見ジャマに思えるこの部分ですが、じつはとっても体によいのです。風邪やガン予防に効果があるとされるビタミンCはもちろんのこと、食物繊維やペクチンも多く含まれており、整腸作用や下痢を抑える効果があるといわれます。

ちなみに、ミカンの缶詰を製造する過程では、外皮をむいたミカンを酸性とアルカリ性の溶液につけこんでから水洗いすることで、アルベドを除去しています。この技術は大正一二年ごろに日本で生み出されて、世界中に広まりました。

昭和三〇年代にはミカンの缶詰生産が世界ナンバーワンだった日本も、現在では国産品が大幅に減少し、隣国である中国に大きく水をあけられています。

ミカンの消費量もこの二〇年間で半減しています。そうした状況を受けて、皮をむく手間を嫌う消費者が多いことから、「むかん」という冷凍みかんを開発するなど、販売側は知恵を絞っています。

問題

003

視力検査で出てくるC型のアレ

製品名：液晶視力表　システムチャート　SC-2000
提供：株式会社ニデック

みうらさんの解答

決して円ではなく、
どこかしら抜け道がないと意味がありません。
後にこれが「ライマ」という名称になり、
ゴルフ愛好者の間でもてはやされました。

答え

003

「ランドルト環」

視力検査に使われる「C」のようなアレはランドルト環といいます。フランスの眼科医エドマンド・ランドルトが考案しました。一九〇九年にイタリアで行われた国際眼科学会で、国際的な標準視標として採用されました。

視力は「一／視角(分)」で計算します。視角とは、目とランドルト環の切れ目がつくる角度のことです。小さい視角がみえればみえるほど視力はよいといえます。たとえば、切れ目が視角一分（一度の六〇分の一）のランドルト環がみえれば視力は一・〇、切れ目が視角〇・五分ならば視力は二・〇となります。

また、ランドルト環はＩＳＯやＪＩＳ規格で規定されており、太さ（線幅）が切れ目と同じで、外径が切れ目の約五倍となっています。たとえば、検査距離五メートル、視力一・〇のランドルト環は、切れ目と太さが一・四五ミリ、外径が七・二七ミリとなります。日本では長年、これよりも少し大きめのものが使われてきましたが、近年ではＩＳＯとＪＩＳ規格に準拠したものが一般的です。ちなみに、日本ではランドルト環が一般的ですが、そのほかにカタカナ、ひらがな、数字、アルファベット、二匹の魚の絵を使用した視力表などもあります。

問題
004

生卵にある白いアレ

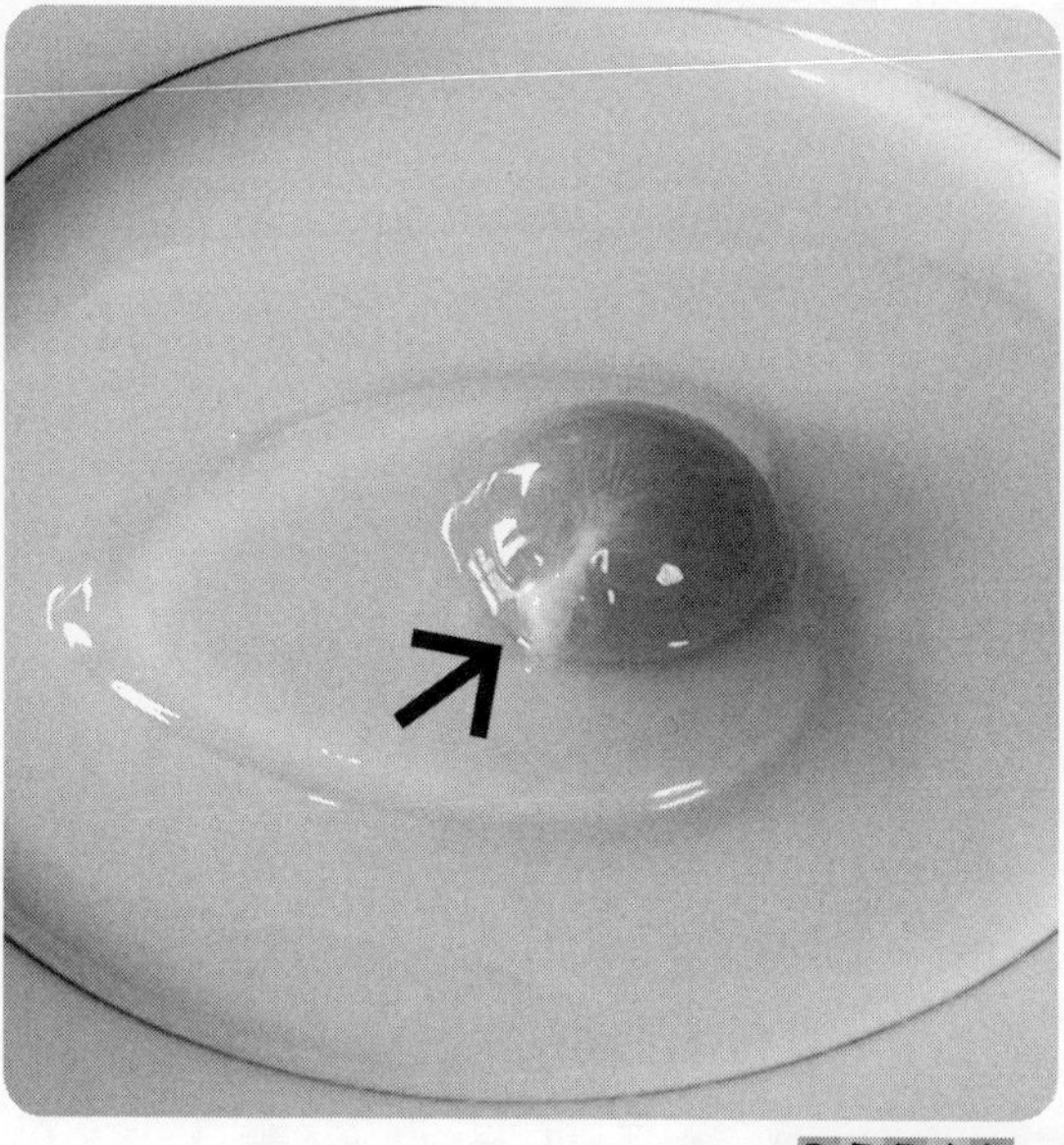

みうらさんの解答

また出ましたか、「ヘソの緒」。
食えなくなりますよ。

答え 004

「カラザ」

卵を割ると黄身にくっついている、ひも状の白くて小さな塊はカラザといいます。「殻座」と当て字が使われることもありますが、ラテン語のchalazaが正式な語源です。卵《らん》帯《たい》と訳されることもあります。

　カラザは通常、卵黄の上と下についています。卵黄が殻にぶつかって壊れたりしないように、卵の中で卵黄をハンモックのように吊り、卵黄の位置を安定させる役割があります。カラザがねじれたひものようになっているのは、黄身が回転しているからです。

　卵料理をするときに、カラザの食感が気になって取り除く人が多いせいか、市販の卵まぜ棒にはカラザをとる機能のついているものがいくつもあります。

　そんなカラザですが、栄養は満点です。主成分は卵白と同じたんぱく質ですが、それに加えて健康維持に欠かせないシアル酸が含まれていることが最近の研究でわかっています。シアル酸は抗がん作用やインフルエンザ予防で注目されている栄養素です。シアル酸にはいくつか種類がありますが、人間が摂取するのにとても適しています。

　カラザをわざわざ取り除いてしまうのはもったいないので、おいしくいただきましょう。

問題

005

ハロウィンのカボチャ

みうらさん
の解答

「ハロウィン・マスク」。

005

「ジャック・オ・ランタン」

映画『ナイトメアー・ビフォア・クリスマス』のジャックでおなじみ、ハロウィンのカボチャのお化けはジャック・オ・ランタン（Jack o'Lantern）といいます。直訳するとランタン（をもった）ジャックで、アイルランドの昔話「ケチのジャック」が由来です。

　ずるがしこくてケチのジャックは、悪魔をだまして十字架を使い封じ込め、自分を地獄に連れて行かないよう約束させます。その後、ときは流れて、ジャックは死を迎えました。神様は素行の悪かったジャックを天国に受け入れてはくれません。悪魔も約束どおり地獄には受け入れず、ジャックは暗闇に放り出されてしまいました。ジャックはくり抜いたカブに石炭を灯し、地獄と天国の境を永遠にさまようことになったのです。

　この話にちなんで、アイルランドでは、恐い顔を彫ったカブを窓辺や玄関に置いて悪霊を追い払うという風習がありました。ハロウィンはキリスト教の万聖節《ばんせいせつ》の前夜祭ですが、ジャック・オ・ランタンの話はアイルランド系移民がアメリカに持ち込んだもので、ジャックのカブはアメリカでたくさん収穫されるカボチャに変わりました。今ではイギリスでもカボチャが主流となっています。

問題
006

傘の中心部分のアレ

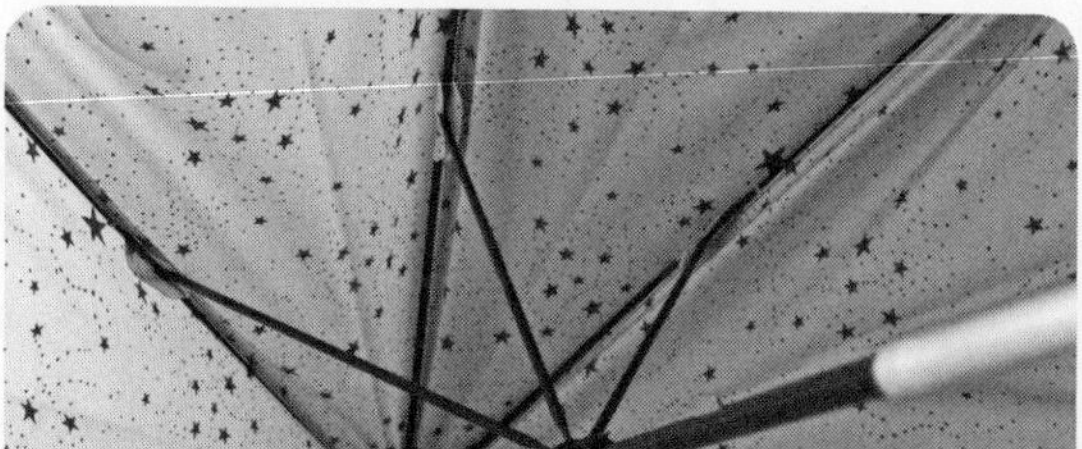

みうらさんの解答

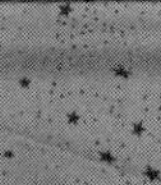

広く張り巡らせた金具。
クモの巣をイメージしています。
よって、中心部は「スパイダー」です。

答え

006

「ろくろ」

傘を開くときに手で押し上げる部分には、傘の内側の骨が集められています。この傘の骨をまとめているパーツをろくろといいます。骨を一手にまとめて傘の重心を支え、開閉のしかけとなる重要なパーツです。外側の長い親骨を束《たば》ねている上ろくろは傘のてっぺんに、内側の短い小骨をまとめている下ろくろは柄《え》についています。傘を開閉できるのはこのろくろのおかげです。

　傘の歴史は古く、取っ手のある傘は平安時代に登場しましたが、そのころの傘は開いたままで閉じることができませんでした。開閉を可能にするろくろ式の傘が日本に伝わったのは安土桃山時代の一五九四年で、堺の商人がルソン島（現在のフィリピン）から持ち帰ったとされています（そのほかの説もあり、詳しくは一六八ページ参照）。それ以後、ろくろは和傘に取り入れられ、開閉できるろくろ式の傘が主流になりました。

　ろくろ式の和傘を広げると、柄の部分が長く伸びるようにみえることから、妖怪・ろくろ首が語源ではないかという説があります。ちなみに、傘を開閉するときに、ろくろに引っかけてストッパーとなる、手をはさみそうになる部分は「はじき」といいます。

問題

007

扉の片方を開かないようにとめておく金具

みうらさんの解答

形状からして
「ミステリー・サークル」じゃないでしょうか？

答え

007

不正解

00勝07敗

「フランス落とし」

扉を閉じた状態で固定するときに使う戸締り金具をフランス落としといいます。扉の一部に彫り込むようにとりつけて、使用する際には上げ落とし式のロッドを差し込んでロックします。そうすれば、片方の扉を動かないように止めておくことができるのです。

日本におけるフランス落としの名称の由来ですが、「フランス窓にちなんだ」という説が有力となっています。フランス窓とは、テラスやバルコニーの出入り口になる、床面まであるガラス入りの二枚の開き扉で、厳密には窓ではなく扉のことを指します。

このような西洋風のおしゃれな建築技術からフランスが連想されたようです。「フランス」窓につけた「落とし」金物、これがフランス落としの由来と考えられています。

ちなみに、英語ではフラッシュ・ボルト（flush bolt）といいます。文明開化が華やかだったころに、日本の職人がイギリスの建築技師からフランス扉を学びましたが、イギリス人技師が説明した「フラッシュ・ボルト」を、日本人の職人が「フランス落とし」と聞き間違えたことから、この名前が定着したという説もあります。

問題

008

カレーのルーを入れるアレ

みうらさんの解答

インドにはシバ神の化身である「リンガ」と呼ばれる男性器と、「ヨーニ」(女性器)があります。当然、この形態は後者で間違いないでしょう。

不正解
00勝08敗

答え
008
「グレイビーボート」

ちょっと高級なレストランや喫茶店で出てくる、取っ手のついた銀色に輝くソース入れの名前はグレイビーボート（gravy boat）といいます。

グレイビーソース（肉を煮焼きするときに出る汁や、それをもとにしてつくられる濃厚なソース）を入れるための器としてイギリスで生まれ、その形状が船（boat=ボート）に似ていることから、このように名づけられました。

日本ではソースポット（sauce pot）とも呼ばれていますが、この言葉を英訳すると「ソースをつくるための鍋」という意味になるので、英語圏ではグレイビーボートという名前が一般的となっています。

このグレイビーボートは何となく「カレーやハヤシソースを入れるための器」として知られていますが、もともとはインド発祥のものではなかったのです。単に西洋料理用だった器をカレーに使ってみたところ、上品で素敵だったことから使用されるようになったという経緯があります。

ちなみに、グレイビーボートと一緒に出てくる、ソースをすくうスプーンのような小さなおたまはソースレードルといいます。

問題

009

消しゴム付き鉛筆の消しゴムを固定するアレ

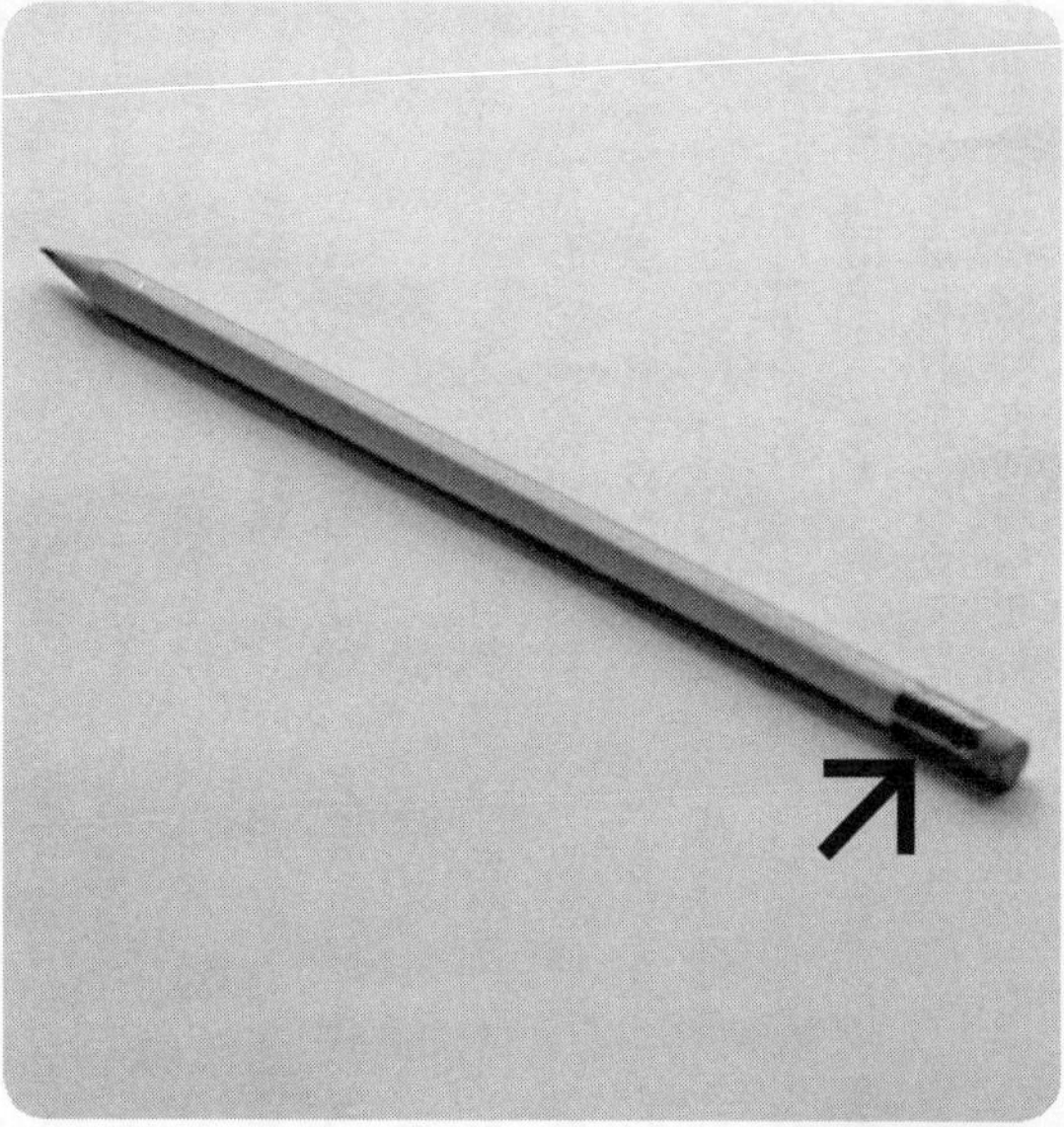

鉛筆と消しゴムの「ドッキング」ですね、
この部分は。

答え

009

「フェルール」

消しゴム付き鉛筆の鉛筆と消しゴムをつないでいる部分は、「継ぎ手」を意味するフェルール（ferrule）と呼ばれています。釣りざおのさお先のガイドや配水管の受接管、光ファイバーのコネクターなども同じ名前です。

消しゴム付き鉛筆が最初に発明されたのは一八五〇年くらいだといわれています。すぐに消しゴムをなくすクセのあったアメリカのある画家が考案したそうです。

その後、別のアメリカ人である、発明家のハイマン・L・リップマンが一八五八年に特許を取得しました。ただし、リップマンの考案したた消しゴム付きの鉛筆は、鉛筆の芯のように消しゴムを埋め込んでいるタイプのものでした。

これに対して、エバーハード・ファーバーが金属片（フェルール）を圧着させて消しゴムをつける方式で特許をとって、それをもとに鉛筆会社を設立しています。

両者はともに特許侵害であるとして裁判で争いました。その結果、一八七五年にアメリカ合衆国の最高裁判所は「既存の発明を組み合わせただけで、新規性が認められない」として、両者の特許について無効の判決を下しています。

問題
010

靴下のつま先をとめる金具

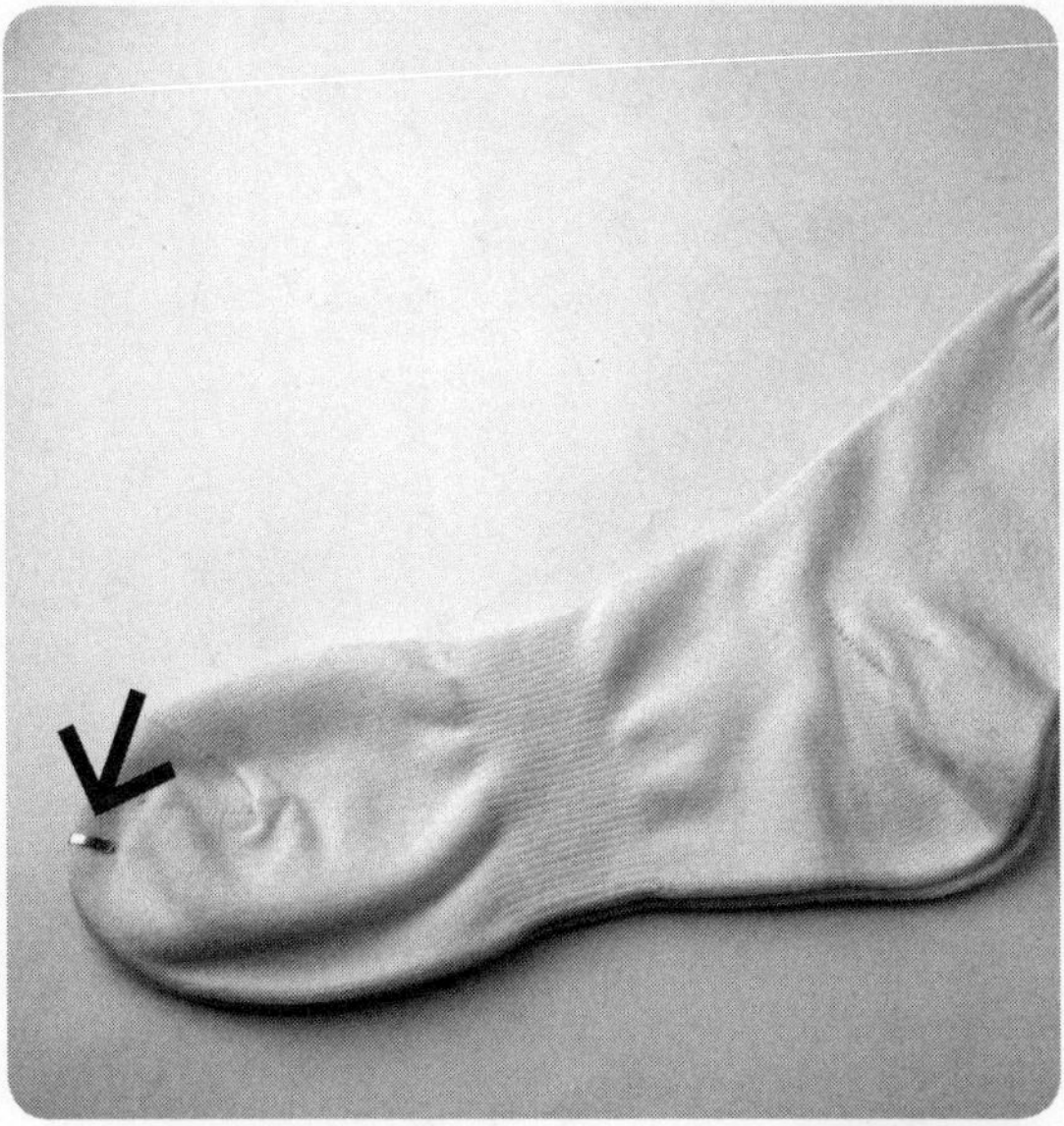

みうらさんの解答

靴下から離れると生きていけないもの。
要するに寄生ですね。
「寄生具」と呼ばれる一種です。

答え

010

「パッチャー」

靴下のつま先やゴム部分をとめるアレはパッチャー、もしくはパッカーといいます。靴下は左右二枚で一組のため、販売用にペアにしなければなりませんが、そのための金具として使われるものです。そのほかに、ソクパスやソッパスと呼ばれることもあります。広げるとコンパスのような形になることから、「ソックス＋コンパス」から派生して「ソクパス」という造語になったのではないかと考えられています。

基本的には使い捨てのため、丸型や角型などシンプルな形のものがほとんどですが、イギリスの高級ブランドの靴下には、王冠を模したパッチャーが使用されているものもあります。さらに、エコロジーの時流を反映して、アルミや金属製のものから、材質を厚紙に変えたものも登場してきました。

パッチャーの取り付けはほとんど機械ではなく手作業で行われています。そのため、人件費の安い海外の工場で行われることが多いそうです。

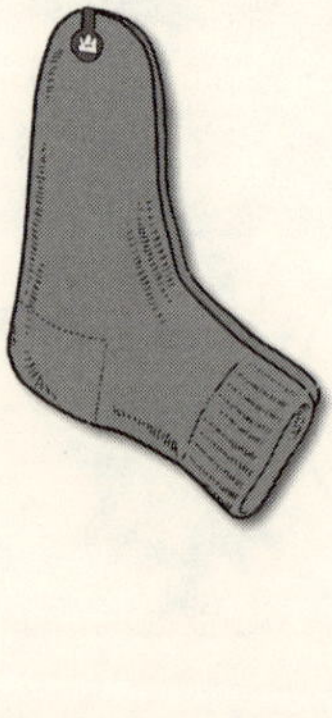

問題
011

自動車のドアロックのつまみ

みうらさんの解答

「土筆《つくし》」。

答え

011

「シルコンノブ」

自動車のドアの内部にある、ドアをロックするつまみはシルコンノブといいます。一般的にはドアロックノブという名称で知られています。そのほかに、ドアロックスイッチやドアロックレバー、内側ロックボタンと呼ばれることがあります。

シルコンとはシル・コントロールの略です。自動車のドア部分は「敷居」を意味するシル（sill）やサイドシル（side sill）と呼ばれますが、そのシルをコントロールするためのノブ（knob=つまみ）なのでシルコンノブと呼ばれます。自動車製造メーカーである本田技研工業やその関連会社では、昔からこのように呼んでいました。

ちなみに、英語ではインテリア・ドアロックボタン（interior door lock button）といいます。

昔のシルコンノブの多くは、窓の外からノブの上下でロックの有無がわかるタイプでしたが、最近は防犯上の理由からドアノブの位置にあり、外からみえないタイプが多いようです。

近年はリモコン式のドアロックキーや運転席での集中ロックボタンの自動車が増え、このつまみを上下させることは昔に比べて減ってきています。

問題

012

蒸気機関車の前についているアレ

みうらさんの解答

荒野を走るわけですから、
当然、牛や羊の群れにも遭遇するでしょう。
威嚇ですね、要するに。「獣おどし」。

答え
012

「カウキャッチャー」

蒸気機関車の前面にとりつけられたアレはカウキャッチャーといいます。カウという名前からもわかるように、もともとは牛を避けるためについていました。

牛に限らず、線路上の障害物をはねのけたときに、車体の下に巻き込んで脱線したり、床下機器を破損することを防ぐ、バンパーのような役割があります。一九世紀のアメリカ西部を走っていた機関車に多く装備されており、その後もアメリカ、中国などを走る機関車に取りつけられました。

現在の鉄道では、先頭車両に排障器（排障装置）と呼ばれる小型のバンパーのようなものが装備され、カウキャッチャーと同様の役割を果たしています。新幹線にも大型のカウキャッチャーに似たようなものが装備されていますが、あちらはスカートと呼ばれるそうです。

ちなみに広告業界では、番組の開始直前に流すCMをカウキャッチャーと呼んでいます。これは「前につけられたもの」という意味で、機関車のカウキャッチャーに由来します。そのほかにも、番組と番組の間のCMはステーションブレイク、番組終了直後のCMはヒッチハイクと呼ばれ、いずれも交通用語でたとえられています。

問題
013

公園にある回転する丸いアレ

提供:日都産業株式会社

みうらさんの解答

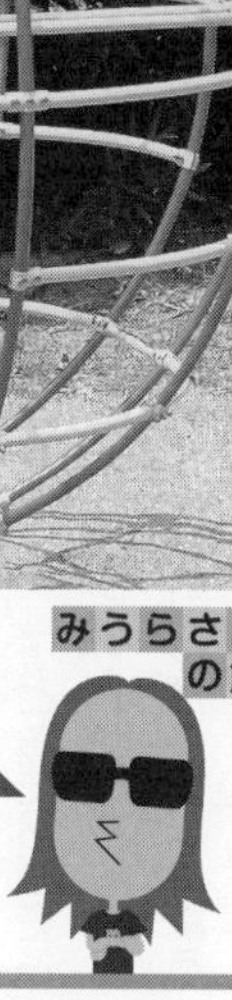

たいがい遊ぶのは子どもですからね。
地球の広さ、厳しさを体感してもらおうと
考え出された遊具です。
よって、名称は「ジ・アース」にほかなりません。

答え

013

「グローブジャングル」

ジャングルジムは一九二〇年にアメリカで生まれ、日本でもあっという間に広まりました。なかでも回転する球形のジャングルジムは浮遊感とスピード感がクセになる人気の遊具ですが、アレはグローブジャングルといいます。

世界初の回転式のジャングルジムをつくったのは東京の日都産業という昭和一四年創業の老舗遊具メーカーです。銀座で地球儀型の広告塔をみた取引先の人の「あんな遊具があったら」というつぶやきがきっかけとなり、一九五一年に開発されました。名前のグローブ（Globe＝地球）はここからきています。

当時の技術では、鉄パイプにきれいなカーブをつけるのがとても大変な作業でした。グローブジャングルの安全を支えているのが中心の回転軸です。日都産業製のグローブジャングルは、肉厚七ミリの頑丈な鉄パイプの芯棒が回転軸として支えになっています。鉄は土に触れると腐食してしまうので、土に触れないよう軸の足元をガードする設計に苦心したそうです。

そのほかにも、子どもたちが遊ぶものなので、スピードが出てまわりすぎたり、服が引っかからないように、安全第一を念頭に細心の配慮が施されています。

問題
014

ラーメンのどんぶりを彩る柄

みうらさんの解答

そもそも中国の宮廷にある鴨居のデザインでしょう。 竜が現れるときの雲が簡略化されたもの。よって、名称は「竜雲」に違いありません。

みうらさん14連敗！

答え

014

「雷文《らいもん》」

ラーメンのどんぶりを縁取る、グルグル四角い渦巻き模様は雷文といいます。魔よけを意味する古代中国の伝統的な装飾文様で、古くから日本にも伝わり、陶磁器などに描かれてきました。

雷や竜を表しているという説、唐草模様のひとつであるという説などがあります。

その雷文がなぜラーメンどんぶりの定番になったのでしょうか。ラーメンに雷文どんぶりが使われはじめたのは大正時代で、イギリス人が関係しているそうです。当時、日本に中国食器を輸入していたのはおもにイギリスの商人でした。彼らのイメージする中国は赤い雷文だったので、その文様をあしらったどんぶりをつくって、日本に売り込んだところ人気を博したのです。

日本にラーメンが伝わったのは明治はじめで、大正期はちょうど店舗が増えてきていました。今では中国でも雷文のどんぶりを使っていますが、日本から逆輸入したものが最近になって定着したようです。

雷文のほかにも、「喜」が二つ並ぶ双喜《そうき》模様や高貴の象徴である龍や鳳凰《ほうおう》の模様など、ラーメンどんぶりには縁起のよい中国文様が彩られています。

PART.2

街でみかけるアレの名前

見開きの風景のイラストをみて「モノの名前」をあてるコーナー。ガソリンスタンド、商店街、デパート、カフェ、住宅街、港で目にするものばかり集めてみたよ。

問題
015
みうらさんの解答
これは現場の愛称ですが、「こけし」ですね。
火気厳禁
アルバイト募集中
問題
016
みうらさんの解答
「オン・ステージ」。

ガソリンスタンド
みうらさんの解答
「ちょうちん」。
問題 018
問題 017
みうらさんの解答
夜だけ光るわけですから、「ナイト・フィーバー」ですね。

答え
015
「がいし」

電柱にある、そろばんみたいにコロコロしたものは「がいし」（碍子）といいます。日本ガイシはこの「がいし」の製造メーカーです。

　この器具には、電線を送電塔や電柱の支持物と絶縁するという機能があります。発電所から電力を運ぶときに、「がいし」がなければ放電し放題になってしまうので、電気の安定供給に大きく貢献しています。電柱についているのは配電用がいし、発電所で使用されているのは変電用がいしです。日本ガイシでは、世界最高の一〇〇万ボルトの電圧に耐えられる「がいし」も開発しています。

答え
016
「アイランド」

ガソリン計量器のまわりの一段高くなっているスペースをアイランドと呼びます。ガソリンスタンドにある小島のようなものであることに由来します。

　自動車が計量器にぶつからないよう注意してもらうために、周囲よりも高くしてあります。また、地下に保管されているガソリンの蒸気が上がってこないように、段差をとるという目的もあります。ガソリンは空気よりもずっと重いので、このスペースの下のほうに漂っているわけです。ちなみに、サービスルームのまわりにある段差も同じ役割で、犬走りと呼ばれています。

答え
017

「デリネーター」

よく道路でみかけるアレはデリネーターといい、視線誘導標が正式名称です。もともとはデリニエーター（delineator：輪郭を描く人）という言葉に由来します。

デリネーターは道路の輪郭をドライバーに教えるために、事故多発地帯を中心に設置されています。車のライトに反射して光るしくみが一般的ですが、なかには太陽電池などで自家発光するものもあります。そのほかにも、風車付きのデリネーターがあります。あれは自掃式といって、風にまわりながら風車についているブラシで汚れを落としているのです。

答え
018

「行《あん》灯《どん》」

あのサイン灯は行灯といいます。正式名称は社名表示灯で、タクシーは必ず設置しなければなりません。一九五四年に東京の武内工業所が防犯灯として考案しました。

当時の防犯灯は緊急時に点灯させるもので無地でしたが、後にタクシー会社名を記したものになりました。現在でも、タクシーに非常事態が起きたとき、行灯を点滅させることがSOSのサインです。間違えて行灯を点滅させてしまうことを業界では「赤恥」といいます。変り種の行灯もあり、香川県では行灯がうどんの形である観光用のうどんタクシーが走っています。

「スグヤブレール」。
みうらさんの解答
金魚すくい
福引き抽選会
問題 019
一等 箱根二泊
問題 020
六角形であるということです、重要なのは。経典が入っているお堂は六角堂。よって、これはそのミニ盤ということになります。ズバリ「六角堂」でしょう。
みうらさんの解答

ラーメン
龍
BARBER SATOU
みうらさんの解答
赤と青は動脈と静脈を表してんでしょ。となると、ポール全体は人間の体ですね。「フレッシュ」。
問題021
問題022
みうらさんの解答
「ラ」。たぶん音符の“ラ”を表現しているつもりでしょう。

答え
019
「ポイ」

金魚すくいで使うアレはポイといいます。名前の由来には「ポイと捨てていたから」という説もありますが、定かではありません。

いかにも水に弱そうですが、厚めのものもあります。一般的に使用されるのは六号で普通の厚さですが、メーカーによって差があり、五号は紙が厚く、七号は薄くなります。ちなみに、奈良県の大和《やまと》郡山《こおりやま》市では、平成七年より毎年八月に全国金魚すくい選手権大会が開かれています。初段から十段まで金魚すくいの段位が設けられているので、腕に覚えのある人はぜひとも挑戦を！

答え
020
「ガラポン」

くじ引きでグルグルまわして玉を出すアレはガラポンといい、関西ではガラガラと呼ばれます。正式には新井式回転抽選器といい、帽子屋を営む新井卓也氏がお客様への抽選サービスを行うために発明しました。

多角形の帽子の箱で試作したので、六角形や八角形の形になりました。玉を入れてまわすとガラガラとよい音が出ることから、そのまま採用されました。発売後は東京抽籤器研究所が専売特許をとってシェア独占の状態でしたが、特許切れのあとは各社が参入し、現在は中国製などさまざまなメーカー品があります。

答え
021

「サインポール」

赤・青・白のストライプが渦巻くアレはサインポールといいます。理容室のシンボルとして明治時代に日本デビューしました。もともとはヨーロッパ生まれで、その誕生の由来は、理容師と外科医を兼務していた中世ヨーロッパの理容外科医にあります。そのころの理容外科医院の前で、瀉血《しゃけつ》治療用の赤い棒に干してあった白い包帯がからんでいたことから、赤と白のサインポールが登場しました。

その後一七四五年に、イギリスで理容師と外科医の組合が分裂し、外科医は赤と白、理容師は赤と白と青を使うことになったそうです。

答え
022

「カンロレードル」

ラーメン好きとしては中身の濃縮スープのほうが気になってしまいますが、あのスープをすくう道具はカンロレードルといいます。

昔は甘露《かんろ》杓子《しゃくし》という呼び名のほうがメジャーだったかもしれません。レードルはおたまや杓子などの調理場用語、カンロは甘露、つまり甘いつゆを意味します。カキ氷のシロップをかけるのに使われていたことに由来するそうです。

ラーメン、カキ氷といった定番どころや、うなぎ屋さんもタレをかけるときに使用します。自家製の梅酒を小分けにするときにも重宝されています。

7階催事場
問題
023
みうらさんの解答
お金を投げ入れる泉はトレビ。よって「トレービ」ですね。
問題
024
みうらさんの解答
縁を波状にすることによって、冷えやすくしているのでしょう。「ヒエヒエプリン皿」。

みうらさんの解答
全体を称して「棚田」ですね。だから、この部分は「用水路」ってことになりますね。
問題
025
みうらさんの解答
「ウィンク・カップ」。
問題
026

答え
023
「カルトン」

現金の受け渡しの際に、レジで店員が差し出すアレはカルトンといい、別名でキャッシュトレイとも呼ばれます。カルトンとは、フランス語で「ボール紙でつくられた皿」を意味します。英語ではカートンと発音し、「厚紙でつくられた箱」という意味になります。

もともとカルトンはボール紙でつくられていましたが、現在ではプラスチック製が主流となり、皮製のものや芝のような突起が敷いてあるものもあります。ちなみに、レジで使われている自動釣銭機のお釣りの出てくる場所もカルトンと呼ぶのだそうです。

答え
024
「スフレ」

洋菓子店でよくみかける、ケーキやプリンなどが入っている容器をスフレといいます。フランス語で「吹いた」「膨らんだ」を意味するスフレは、もともと肉や魚、果物などの混合生地を型に流してオーブンで焼いた料理やデザートのことでした。スフレをつくるための容器なので、スフレもしくはスフレカップと呼ばれます。

ココット（鋳物、ホーロー、陶磁器製の鍋または小鍋）の縁を垂直に高くしたものなので、ココットと呼ぶこともあります。そのまま食卓に出すことのできる耐熱磁器製がよく用いられています。

答え

025

「くし板」

エスカレーター可動部分の手前にある、乗降口の色部分を「くし」といい、ここに使われる板を「くし板」と呼びます。可動部分のステップ（踏み段）上面のクリート（溝の部分）と噛み合わさって、機械室への異物やゴミの侵入を防ぎます。英語のコーム（comb）を直訳したもので、文字どおり「くし」のような役割を果たします。

最近では板の角度を鋭角（約一〇度）にして段差を感じさせないことで、スムーズに乗り降りできるようにしています。動くステップ部分と区別するため、色の違いを明確にして安全性を高めています。

答え

026

「ディッシャー」

アイスクリームをすくうときに使うアレはディッシャーという名前です。半球型のステンレス製で、一定量を丸くすくうことができます。アイスクリーム以外にも、マッシュポテトやポテトサラダなどで使用されます。味噌や餃子の具をすくったりする使い方もあるそうです。

実際にきれいに盛りつけるためには練習する必要があります。すき間ができないようにしたり、複数重ねたときのバランスに気を使わなければならないからです。最近では、レモン型や俵型、三角形のものまで、いろんな種類のディッシャーが発売されています。

問題
028
みうらさんの解答
八〇年代、カフェバーが流行ったとき、よく天井でまわっていたもんです。「蚊トンボ」。
問題
027
みうらさんの解答
紙コップを顔とするならば、帽子と考えていいでしょう。月亭可朝さんがトレードマークとしていた「カンカン帽」ですね。

答え
027

「トラベラーリッド」

お持ち帰りドリンク容器の定番のふたはトラベラーリッドといいます。リッド（lid）はふたという意味で、旅人のふた、つまり移動する人向けということです。カップのふたを外さなくても、歩きながら気軽に飲むことができる便利さゆえの命名でしょう。一九八五年にアメリカのソロ・カップ社が開発しました。日本にはその一〇年後の一九九五年に、スターバックス・コーヒーの日本進出とともに本格的に広まったといわれています。

　トラベラーリッドはただの使い捨て用品ではなく、工夫の賜《たま》物《もの》です。それまで主流だった平坦なふたに比べ、ふたの上部が盛り上がっているので、簡単に開けられます。さらに、ふたの盛り上がりのおかげで、熱いものが飲みやすくなっただけでなく、ホイップクリームやスチームミルクのスペースもできました。卵形の飲み口は倒れてもこぼれにくい形状で、それでいて中身が確認しやすいようにデザインされています。アメリカ発で世界に広まった秀逸な使い捨て用品として、二〇〇四年にはニューヨーク近代美術館に展示され、翌二〇〇五年には永久展示品となりました。最新作は飲み口を開閉できるトラベラー・プラス・リッドです。

答え

028

「シーリング・ファン」

　スタイリッシュでおしゃれなスポットの演出に欠かせないアレは、シーリング・ファンといいます。バブルのころのトレンディドラマでは主役級の扱いでした。シーリング（ceiling）は天井を意味し、日本では天《てん》井扇《じょうせん》と呼ぶことがあります。

　シーリング・ファンは、まだ電気もなかった時代の一八八六年に、米国テネシー州のメンフィスで、ハンター社の創立者である、ジョン・ハンターとジェームズ・ハンターの親子によって発明されました。そのしくみは、水流を動力源としてベルトを駆動させて風を送るというものです。水力で天井に扇風機をつけてしまうなんて、古きよき時代のアメリカの開拓精神に感動です。もちろん現在では、電気を動力としています。

　天井からやわらかい風をそそいでくれるシーリング・ファンは、ただのおしゃれアイテムではありません。エアコンと一緒に使えば部屋の空気をかきまぜてくれるので、足元だけ冷えるといったことがなくなります。高気密・高断熱の現代の建物では室内の空気がとどこおりがちですが、シーリング・ファンが室内の空気を循環してくれるので、冷暖房費を節約でき、結露も防ぎます。お財布にも環境にもやさしいすぐれものです。

問題
031
みうらさんの解答
「反転横断歩道幕」。
Coca-Cola
菓子・
鈴木
問題
030
みうらさんの解答
この形状はお盆の時期に仏壇の前に出される回灯籠《まわりどうろう》ですね。「お菓子灯籠」とはうまくいったもんです。
問題
029
みうらさんの解答
そもそもルーツは城の壁にある鉄砲を突っ込む穴。敵の侵入を防ぐものですね。「鉄砲穴」。

みうらさんの解答
「山のまりも」。
問題
032
地酒
月の剣

答え 029

「透《す》かしブロック」

ブロック塀に組み込まれている、飾りのついたアノ部分は透かしブロックといいます。おもに意匠性、通気性を高めるために用いられます。

コンクリートブロックは戦後、アメリカ合衆国から伝わったとされますが、透かしブロックは日本独自のものです。オーソドックスな透かしのデザインは日の出、梅、菱形をかたどったものなど、日本的なモチーフがたくさん使われています。ちなみに、扇を三つ重ねたものは松透かしと呼びます。今では透かしブロックの種類は数え切れないほどで、二五〇種以上は確認されています。

答え 030

「地球瓶」

レトロな駄菓子屋にある、ラムネやせんべいが詰まったガラス製の丸いアレは地球瓶といいます。吹いてつくるガラス製品のなかではもっとも大きく、一度に巻き取る素地は二キロにも及ぶそうです。ガラス職人がひとつずつ手づくりしているので、仕上がりが完全な球体ではないのも味があります。今では職人が減少しているため、直径三〇センチほどでも値段が一万円以上もする貴重品です。

なお、同じ駄菓子屋にあるガラス瓶で、ふたが斜めについたタイプのものを猫瓶と呼びます。そういえば座った猫の形に似ていますね。

答え

031

「鯨《くじら》幕《まく》」

通夜や葬式の会場を囲む白と黒の幕は鯨幕といいます。背が黒くて腹は白い鯨の体になぞらえて、こう呼ばれるようになりました。

古来、白は清め、黒は生命が生まれる前の闇を表す高貴な二色とされ、神事にこの鯨幕が取り入れられました。現在でも神社などにおいてこの風習は継続しており、はなやかな祭りの場で鯨幕がみられます。皇室の慶事に鯨幕が使われるのはこれにならっています。鯨幕が凶事に使われるようになったのは大正時代からです。葬儀屋によって広まり、鯨幕＝凶事というイメージが定着しました。

答え

032

「酒《さか》林《ばやし》」

酒屋の軒先にある茶色の丸いアレは酒林といい、別名で杉玉《すぎたま》とも呼ばれます。酒屋が愛飲家たちに新酒のできあがりをアピールする、いわば酒造りのシンボルです。日本酒造りの神様を祀《まつ》る奈良の三輪明神大神《おおみわ》神社のご神木《しんぼく》が杉だったことから、杉が使われています。当初は杉を束ねて飾っていましたが、江戸中期に現在のような新酒完成のしるしとして定着しました。

呼び名の由来には諸説あります。新井白石が命名したという説、中国の酒屋の看板を「酒家《さかや》望子《ぼうし》」といい、この「ぼうし」が「はやし」に訛《なま》ったという説が有名です。

みうらさん
の解答
昆虫で考えるなら、
当然「頭部」ということになるでしょう。
問題
034
安全第一
安全第
問題
033
みうらさん
の解答
こんな機械自体、
よくわかりません。

みうらさんの解答
「現代美術」。
問題
035
問題
036
みうらさんの解答
積むときの
「持つとこ」ですね。

答え
033
「ユンボ」

小型の建設機械であるバックホーは、通称ユンボと呼ばれています。正式名称は油圧ショベルなのですが、工事関係者や現場では、業界用語のような感じでユンボという名前が使われています。

そもそもユンボというのはメーカーの商品名で、フランスのシカム社（後のユンボ社）の主力商品でした。高度成長期に新三菱重工との提携で日本にたくさん輸入されました。その後、国産の機器がシェアを広げた結果、ユンボはほとんどみかけなくなりましたが、いまだにそのシンプルな名前だけは残っているのです。

答え
034
「トラクター」

貨物を運ぶ車両の頭部分をトラクターといいます。そのほかにはヘッドや牽引《けんいん》車とも呼ばれます。動力のない貨物部分にはトレーラー、被牽引車という名称がありますが、トラクターとトレーラーは法令上別車両なので、個別の車両ナンバーが必要です。トラクターと聞くと、一般には田畑を耕す農業用トラクターを連想する人が多いのではないでしょうか。トラクター（tractor）はラテン語のtrahere（引く）から派生した「牽引するもの」を意味する言葉です。農業用トラクターも農業機械を牽引することから同様に使われます。

答え

035

「ボラード」

港にあるアレはボラードと呼びます。船乗りが片足を乗せて潮風に思いふけるためのものではありません。別名を係船柱《けいせんちゅう》といい、二本並んだものを双係《そうけい》柱《ちゅう》といいます。

ロープで船を係留するためのもので、船側でロープを結ぶための設備も同じようにボラードと呼ばれています。

ボラードは本来、船をつなぎとめるためのものですが、自動車を進入させない役割もあります。そこから転じて、道路に設置された進入防止の柱もボラードと呼ばれるようになりました。

答え

036

「ビード」

ドラム缶の出っ張っている部分はビードと呼ばれ、別名で輪《りん》帯《たい》ともいわれます。約一〇〇年前に世界初の女性ジャーナリストであるネリー・ブライが、欧州旅行の際にみたグリセリン入れの金属容器をヒントに、金属製の石油容器としてドラム缶を考案しました。当時のものも、ほぼ現在のドラム缶と同じような形状だったそうです。

ビードには、ドラム缶の側面の強度を高めたり、横倒しにして転がしやすくしたり、ドラム缶同士がぶつかって傷がつくのを防いだりするといった機能があります。

COLUMN 1

海外では通じない!? 間違えやすい英語の名前

注文とまったく違う商品を買わされた！　言葉が通じなかった！

海外では、和製英語のせいでこのような苦い経験をする人も少なくありません。

たとえば、上着のジャンパー（jumper）は英語ではジャケット（jacket）といいます。jumperとはジャンパースカートを指すので、洋服屋で問い合わせするときは注意してください。

また、サイダー（cider）は英語で炭酸飲料水を意味しません。ciderはりんごジュース、りんご酒のことであり、soda popが正しい表現です。

スキンシップ（skinship）も和製英語で、正しくはphysical contact、またはbody contactといいます。

インターネットのホームページはウェブサイト（website）と表現します。home pageという英語はありますが、これは通常トップ（表紙）ページを指すのです。

逆に、和製英語が逆輸出されたケースもあります。一九七九年に日本で生まれた携帯音楽プレーヤーのウォークマン（walk man）は、海外でも通じる一般語となりました。また、アニメ（anime）は日本の影響で広まった略称といわれます。

こちらなどは
いかが
ですか？
ジャンパーを探して
いるのですが……

PART.3

世界の国からアレの名前

世界の国々の「モノの名前」をあてるコーナー。民族衣装や歴史上のファッションなど、旅行の際にみかけたり、テレビや本でみたことがあるものばかりだよ。

問題
037

ベトナム美人が着ているアレ

みうらさん
の解答

「●正解●」。

※みうらさんが正解した場合には 正解 と表示されます。

問題

038

ベトナム人がかぶっている笠

みうらさんの解答

「ボタ山」でしょうね。

答え

037

「アオザイ」

セクシーでオリエンタルな雰囲気を醸《かも》し出す、あの素敵な服はアオザイといいます。女性を美しくみせる衣装として世界的に有名ですが、男性も着用することがあるそうです。

アオ（ao）は服、ザイ（dai）は長いという意味で、ベトナム国民の八割強を占めるキン族の民族衣装です。上衣は中国の長衫《ちょうさん》という丈の長い服から派生しました。体のラインに沿ったデザインに、腰の肌がちらりとみえるくらい深いスリットや、くるぶしまであるような長い丈が特徴です。下着としてクワンというゆったりした幅広のズボンを穿《は》きます。ズボンを穿くのは中国文化の影響が大きいようです。一八世紀までは女性がズボンを穿くことはあまりなく、腰巻スカートを着用していました。

初期のアオザイの形は中国服の影響が大きく上衣ももっとゆったりしたものでしたが、フランス統治時代（一九三〇年ごろ）にファッション性が追求され、体にフィットする現在のデザインに発展しました。長袖で丈は長くてパンツもぴっちりしています。

一見したところ暑そうですが、薄手の生地を用いるなど、南方の気候に合わせて今の形に発展したので、着心地は涼しいようです。

答え

038

「ノンラー」

ベトナムの人たちがかぶっている円すい形の帽子はノンラーといいます。ノン（non）は笠、ラ（la）は木の葉という意味で、その名のとおり葉で編まれた伝統的な笠であり、ノンと呼ばれることもあります。菅《すげ》笠《がさ》と似ていて、日本では葉笠、ベトナム笠とも呼ばれます。

　ノンラーは強い日差しや急なスコールから守ってくれます。あごひももついていて実用的です。手作業で昔ながらの製造を守っている工房が多く、文化遺産としても高く評価されています。ノンラーのおもな素材は、アブラヤシの仲間のラタニアの木の葉です。竹で骨組みをつくり、燻蒸《くんじょう》処理をした木の葉を糸で編み込んでいきます。

　素朴な民俗笠の印象が強いノンラーですが、無地のものだけでなく、おしゃれなものもたくさんあります。有名なのは、透かし絵が入っているノンバイトーです。バイトーは詩を意味します。ノンバイトーは笠の葉が二層になっていて、その間にベトナムの景色や詩を描いた切り絵がはさまれています。日の光で浮かび上がる美しい絵柄にはノンバイトーならではの風情を感じます。

　そのほか、外側に細かい刺しゅうがカラフルに彩られているものもあります。

問題

039

インド美人が額《ひたい》に つけている赤い印

みうらさんの解答

日本ではポッチ、
または千昌夫と呼ばれがちですが、
インドですもの。
「白毫《びゃくごう》」（仏の額にある白い巻き毛）でしょう。

問題

040

アラブ人がかぶっている輪

みうらさんの解答

バンダナというか、
たぶん白い衣を頭部に固定するバンドでしょ。
「アラビアン・ストッパー」じゃないでしょうか。

答え

039

「ビンディー」

　インドの婦人が額につけている赤い印はビンディーといいます。サンスクリット語で点を意味するビンドゥが語源です。

　原則として、ビンディーは既婚で、なおかつ夫が存命しているヒンドゥー教徒の女性がつける習慣です。つまり、未婚女性はビンディーをつけていなかったり、赤以外の印をつけます。

　もともとは、悪霊から身を守って吉兆を祈るという習慣からはじまりました。また、ヒンドゥー教の複数の宗派を表す印でもあり、当初は宗派ごとに模様が異なっていました。神聖な灰や石灰をウコンに混ぜて足や手にも模様を描いていましたが、後に簡略化され、額のみに点で施されるようになったそうです。

　現在では宗教的意味合いは薄れ、化粧などと同様にファッションとして使われることも多く、さまざまなデザインのビンディーが出まわっています。日本でも、ラメやスパンコールがついたもの、シールタイプのものなど、手ごろな価格で手に入れることができます。

　なお、インドの婦人にとって、ビンディーと同じくらい当たり前なのが鼻ピアスです。魔よけなどの意味を込めて、大半の女性が耳や鼻にピアスを空けます。

答え
040

「アガール」

アラブの男性がかぶっている黒いリングの名前はアガール、またはイガールといいます。伝統的なヘッドスカーフであるクフィーエを固定するために使われます。二重ハチマキのようにして、かぶったクフィーエにアガールを巻くスタイルが一般的です。その巻き方はアラビア湾岸の国によって異なっており、各地でファッション性を競っています。

アガールは職人たちによって手づくりされており、羊毛を黒く染めた縄を編み込み、金糸や銀糸を巻きつけ、輪の形にまとめてつくられます。ひとつあたりの製作時間はおよそ三時間です。アガールの産地として有名な聖地ナジャフでは、通常六〇〇〇ディナール（約五五〇円）で売られています。

アラブの男性がヘッドスカーフをつける目的は強い日差しや砂ぼこりから頭を守るためです。胴体にもディスターシャというゆったりした布地の衣服をまといます。色は白が一般的ですが、冬季には黒やベージュをまとうこともあります。

なお、日本の街中でアガールをみかけることはまずありませんが、クフィーエは「男性でも巻けるストール」として人気で、ダンヒルやジバンシィといった有名ブランドのものがあります。

問題
041

ロシア人がかぶっている耳あて付きの帽子

ロシア語で何というか知りませんけど、
耳の部分を垂らすと完全に犬ですね。
コッカスパニエル系の。
よって、名称は「カモフラドッグ」に
違いありません。

問題

042

トレンチコートの肩についているアレ

撫で肩って、今はどうかわかりませんが、
昔の男はカッコ悪いと思ったのでしょう。
少しでも肩が上がったようにみせるため、
「肩っ張り」が必要だったのです。

答え
041

「ウシャンカ」

よくテレビなどでみかける、ロシア人がかぶっている耳あて付きの毛皮の帽子はウシャンカと呼びます。ロシア語の「耳」を意味し、耳あてのないロシア帽はウシャンカとはいいません。耳あては、あごの下でしばることができ、耳やあごを寒さから守ります。暑いときには頭の上でしばることもできます。

材質にはおもに安価な羊皮や人工毛皮が用いられます。ウサギやジャコウネズミ製のものもありますが、羊に比べて細かい毛が立ってしまうようです。きめの細かい毛皮には、寒さ対策だけでなく、雪や氷で足を滑らせた際に頭を保護する役目があります。

耳あて付きの毛皮帽の歴史は古く、ロシア、ドイツ、スカンジナビアではよく知られていました。また、北極地域に住む人々や中央アジアの古代スキタイ人など、さまざまな遊牧民の間でも使われていたと伝えられています。

現在の標準タイプのウシャンカは二〇世紀初頭のロシアで開発され、ソビエト連邦のシンボルとなりました。ロシア以外にもカナダ、東欧、中国、北朝鮮などでよく使用されています。ちなみに、ロシアやカナダなどでは、警察や軍の冬の制帽として採用されています。

答え
042

「エポーレット」

トレンチコートの肩についているアレはエポーレット（epaulette）といいます。肩章《けんしょう》、肩飾りとも呼びます。フランス語で「肩」を意味するエポール（épaule）に由来します。肩パットを指すこともあります。

一六世紀初頭から一七世紀初頭にかけて、男性のダブレットや女性のローブの肩先につけられたエポーレットが流行しました。

当時、そでと胴の部分は別仕立てとなっており、ひもで結びつけられていました。それを覆ったのがはじまりで、次第に装飾化していったそうです。

もともとは陸海軍将校の制服の肩章のことをいいましたが、現在ではトレンチコートをはじめ、ミリタリージャケット、スーツ、ワンピースなど、男女を問わず広く使われています。軍服のデザインとしてのエポーレットは絢爛《けんらん》豪華でしたが、単にステッチ（縫い目）の施された布を取りつけたものや、尾錠《びじょう》どめにしたものなど、さまざまな種類があります。

ちなみに、F1レーサーのレーシングスーツにもエポーレットが義務づけられています。これは事故の際、狭いコクピットからレーサーを引きずり出すためのものだそうです。

問題

043

ローマ法王がかぶっている小さいほうの帽子

問題

044

ローマ法王がかぶっている大きいほうの帽子

みうらさんの解答

「モンゴウイカ」でしょう。

答え

043

「ズケット」

ローマ教皇の頭上にちょこんと乗っている帽子はズケットといい、イタリア語で「頭」を指すzuccaに由来します。

お椀型のズケットは八枚の三角形の絹布でできていて、もともとは寒い時期に剃髪《ていはつ》部分を覆うために着用されていました。一九六八年にパウロ六世が高位聖職者のズケット着用を定め、高位聖職者の普段の服装に定着します。

役職ごとにズケットの色は異なっており、ローマ教皇は白いズケットに白い法衣（ツィマーラ、スターン）を身につけています。足元は意外に自由で、革のローファーやハイキングシューズを履《は》くこともあります。ローマ教皇の白い服装はじつは最近のことで、昔は赤を着ることが多かったようです。一五六六年にミケーレ・ギスリエーリ枢機卿《すうききょう》（聖ピウス五世）が教皇となってからも修道士の白い衣服を着続けたことがきっかけで、それ以降、教皇は白を着用する慣例になりました。

教皇用の帽子にはキャモロという赤いビロード製のものもあります。冬の防寒用でしたが、最近は冬でもズケットをかぶることが多いようです。ズケットはユダヤ教の男性信者がかぶる帽子のキッパに似ていますが、実際には異なります。

答え 044

「ミトラ」

ローマ教皇がかぶっている背の高い筒のような帽子はミトラといいます。司教が儀式に参加するときに礼装として着用するもので、司教冠、マイタとも呼ばれます。その語源は、「ターバン、かぶりもの」を意味するギリシア語からきています。

ミトラはてっぺんが二つに分かれていて、平らにペタンと畳むことができ、後ろ側には飾り帯が二枚ついています。

司教がミトラを着用するようになったのは一一世紀半ば以降であり、そのころは丸い形をしていました。現在の形のものが登場したのは一二世紀半ば以降だそうです。

ミトラとは別に、教皇だけ着用できるのが教皇冠です。ティアラともいわれ、三重の王冠の一番上に十字架がついています。教皇冠は即位の戴冠《たいかん》式など限られた場面でしか着用されません。

ところで、ローマ法王、ローマ教皇のうち、どちらの名称が正しいのでしょうか。日本の司教団は一九八一年に教皇に統一することを定めましたが、もともと二つの名称が混在していたため、現在の併用にいたっています。在日バチカン大使館の正式名称は、国交樹立時の申請名称のままで「ローマ法王庁大使館」です。

問題

045

キリスト教の聖職者の髪型

みうらさんの解答

日本では河童でしょうが、
伝説のない国では「日の出」で
いいんじゃないでしょうか。

問題

046

中世ヨーロッパの貴族が首に巻いているヒダヒダ

みうらさんの解答

「メビウスの襟《えり》」でしょう。

答え
045

「トンスラ」

フランシスコ・ザビエルのような頭のてっぺんを剃《そ》った髪型をトンスラといいます。これは、カトリックのキリスト教信者が司祭になる儀式による髪型です。脳天の部分を剃り上げ、額の生え際や耳の上、後頭部には毛を残します。そうすると、残った髪がちょうど頭を囲むような形で輪を描きます。この髪型および儀式のことを、ラテン語で剃髪を意味するトンスラと呼んだのです。

トンスラは、聖職者が守るべき清貧を象徴したり、キリストの茨《いばら》の冠を模しているとされます。中世においては最初の儀式以来、ずっと剃り続けたようですが、近世以降になると、髪を生やしているケースも増えてきたそうです。実際に、複数現存するフランシスコ・ザビエルの肖像のなかには、頭頂部の髪を豊かに残して描かれたものもあります。

なお、二〇〇八年末に『トンスラ』というタイトルのドラマが日本テレビで放送されました。俳優の温《ぬく》水《みず》洋一氏の世にも珍しいトンスラ姿を拝むことができます。

答え

046

「ラッフル」

ヨーロッパの古い貴族が首に巻いているヒダヒダの名前はラッフルといいます。礼装用の服の布地にギャザーやフレアー、プリーツを入れて、波立たせるようにひらひらさせたものです。

英語のラッフルという動詞に、布地のヒダをとるという意味があったことから、ヒダ飾りをラッフルと呼ぶようになりました。

よく似た言葉にはフリルがありますが、ラッフルとは意味が少し異なります。ラッフルは比較的大きなヒダ、フリルはより細かなヒダが寄せられたものを指すのです。具体的には、貴族が首に巻くような大きなヒダヒダはラッフル、メイド服のエプロンの裾についているようなものはフリルと呼びます。

しかしながら、今ではラッフルフリルという複合語も一般的に使われており、二語の使い分けは厳密になされてはいないようです。

ちなみに、ラッフルやレースは当時、宝石に匹敵する王侯貴族のステイタスシンボルでした。甲冑《かっちゅう》の上にレース細工をつけて肖像画を残す貴族もいたほどです。

それらの生産は一七世紀にピークとなりますが、女性よりも男性のほうがレースを好んで着用していたといわれています。

問題

047

ナポレオンがかぶっている帽子

みうらさんの解答

京都では“おたべ”ですが、
ここでは「タコス・ハット」が
正解でしょう。

問題

048

鉄道員やホテルマンなどが かぶっている帽子

みうらさん の解答

「●正解●」。

答え

047

「ビコーン」

つばが前後ともに巻き上がって、左右に二つの角を形成している「二角帽」をビコーンといい、フランス語でbicorneと表記します。「二角獣」を意味するバイコーンも同じ表記です。ナポレオンの肖像画であまりにも有名なので、ナポレオン帽と呼ばれることもあります。

一七世紀後半のフランスでは、縁が三角に折れ上がったフェルト地のトライコーン（三角帽）が流行していました。

一八世紀後半になると、三辺のうち二つの広い側を折り返した変形が出てきます。やがて、この変形からさらに前部がまっすぐに上がってビコーンとなったのです。

初期のビコーンは、正面に国籍や階級を表すコケイド（花形帽章）をつけ、正面と背面を折り曲げてピンでとめた半円形でした。やがて両端がもっと尖《とが》って三角形に近づき、コケイドは右側面につけられるようになります。

ビコーンは略式とされていましたが、欧米の陸海軍将校の間では広く日常的に着用されて、上級士官の正装用の帽子となり、第一次世界大戦までこの慣行は続きました。

ちなみに、闘牛士のかぶる帽子もビコーンです。

答え
048
「ドゴール帽」

警備員などがかぶっている、あの角張った帽子はドゴール帽といいます。これは、フランス初代大統領のシャルル・ド・ゴールがかぶっていた印象が強いことによる通称です。正式名称はケピ帽で、ケピとはフランス語でキャップを意味します。

ドゴール帽は、てっぺんが平らでつばのついた円筒形の帽子です。フランス軍将校の軍帽として広く使用されてきました。

一九世紀にはフランス陸軍を近代軍隊の手本とする国々が多かったため、世界中の軍隊で使用されており、日本でも明治時代の陸軍将校の軍帽に使われていました。その後、各国が独自の軍帽をつくるようになり、現在ではあまりみかけなくなりました。

ドゴール帽はシンプルでおしゃれなデザインなので、学生帽や警官帽だけでなく、世界中の業種や団体で採用されています。東京の営団地下鉄は長い間、制帽として採用していました。残念ながら同社は、二〇〇四年に東京メトロに生まれ変わったときに、ドゴール帽の採用をやめましたが、その変更を嘆く声は多かったそうです。ちなみに、大阪市交通局は現在も、地下鉄やバスの職員の制帽にドゴール帽を採用しています。

問題
049
カウボーイがかぶっている帽子

みうらさんの解答

「●●●正解●●●」。

問題
050
カウボーイのかかとについているアレ

みうらさんの解答

これで蹴られると、
馬もいうことを聞かざるを得ません。
「馬泣かせ」。
英語で何というのかわかりませんが。

問題

051

メキシカンがかぶっている大きな帽子

みうらさんの解答

「●●正解●」。

問題

052

ネイティブアメリカンがかぶっている羽のついたアレ

みうらさんの解答

ウルトラマンにも
登場してました
「ジェロニモン」で
いいでしょう。

答え
049

「テンガロンハット」

カウボーイがかぶっている帽子はテンガロンハットといいます。高さは通常のカウボーイハットの二倍あります。「一〇ガロン（三七・八五リットル）の水が入るほど」というのは後に広まったもので、スペイン語で飾りひもを意味する「ガロン」という言葉に由来します。

　とても丈夫にできていて、カウボーイの生活には欠かせないものでした。山高のスペースのおかげで頭は涼しく、広いつばは日光をよけ、雨や雪の日は傘代わりになります。鞭の代わりに使ったり、火をあおいだり、水を汲んだりすることもできます。

答え
050

「スパー」

カウボーイブーツの踵《かかと》あたりについている、歩くときに邪魔になりそうな鉄の金具はスパーといいます。

　スパーはもともと一五〇〇年代にスペイン人がアメリカ大陸に持ち込んだものです。金具についている輪は歯輪《しりん》という拍車で、馬のもつれた毛を突きとおすためのものです。歯輪は、馬の腹を傷つけないように、やすりをかけて歯先を鈍くしてあります。

　あっさりしたスパーは少数派で、たいていのものには銀の細工やジングルボブ（動くとぶつかりあって音が鳴る）などが飾られています。

答え
051

「ソンブレロ」

メキシコを代表するあの帽子はソンブレロといいます。スペイン語で日陰を意味する「ソンブラ」が語源とされます。ソンブレロは、細長い頭の部分、広くて少し反っているつば、派手な刺しゅうが特徴的で、素材はフェルトか麦わら、色は黒か白がほとんどです。

ソンブレロは街中の音楽隊であるマリアッチのトレードマークでもあります。サパタやビリャといった歴代のメキシコ革命の闘士を思い出させる、メキシコのアイデンティティといえる帽子です。ちなみに、カウボーイハットはソンブレロの影響を受けたものです。

答え
052

「ウォーボネット」

ネイティブアメリカンがかぶる羽飾り付きの帽子はウォーボネットといいます。戦いの帽子を意味し、戦いの羽飾り、勇士の冠とも呼ばれます。その羽はおもに鷲《わし》で、先端についているひも状のものは馬などの毛です。

スー族では、霊的な力をもつ鷲の尾羽根は、戦士のみが着用を許されていました。ネイティブアメリカンには部族によってさまざまな文化がありますが、鷲を崇高なものとして扱うことは共通しています。そのほかに、シャーマンの儀式道具である扇形のメディシン・パイプなどで鷲の羽根が使われています。

COLUMN 2

トランプに描かれた王様たちの名前は？

トランプは誰もが一度は遊んだことのあるカードゲームの王様ですが、意外にも絵札に描かれた人物の名前や由来は知られていません。

絵札にはキング、クイーン、ジャックの人物が描かれていますが、よくみてみると、同じキングでもひとつひとつの表情やポーズが異なります。これは、絵札に著名な人物をあてはめた昔の風潮が今も残っているためです。一六世紀のフランスでは、次のようなモデルを元にデザインされていました。あなたは何人知っていますか？

♥K…カール大帝（西ローマ皇帝）
♥Q…ジュディス（ユダヤの女戦士）

♥J…ライール（ジャンヌ・ダルクの戦友）
♣K…アレクサンダー大王（マケドニア国王）
♣Q…アルジーヌ（シャルル七世の妻または愛人、もしくは両者の混合）
♣J…ランスロー（アーサー王に仕えた円卓の騎士）
♦K…ジュリアス・シーザー（古代ローマ帝国の政治家、軍人）
♦Q…ラケル（旧約聖書ヤコブの妻）
♦J…ヘクター（カール大帝の騎士）
♠K…ダビデ（古代イスラエルの王）
♠Q…パラス（智恵と勇気の女神）
♠J…オジェ（カール大帝の騎士）

現在、日本で普及しているトランプには特定のモデルはいないとされています。

ちなみに、日本ではじめてトランプを製造したのは任天堂です。「スーパーマリオブラザーズ」の産みの親として有名な宮本茂氏はかつてトランプのデザインをしていました。

PART.4

名前でわかる？　アレの名前

「モノの名前」からどんなものかを連想するコーナー。聞きなれない名前ばかりでむずかしいかもしれないけど、ヒントもあるので参考にして考えてみよう！

今度はモノの名前からどんなものか想像してみよう。
めずらしい名前ばかりだけど、
じつは知っているようなものばかり。
ページをめくれば、写真と答えがひと目でわかるよ。

Let's go !

問題

053

大幣《おおぬさ》

ヒント

振るもの

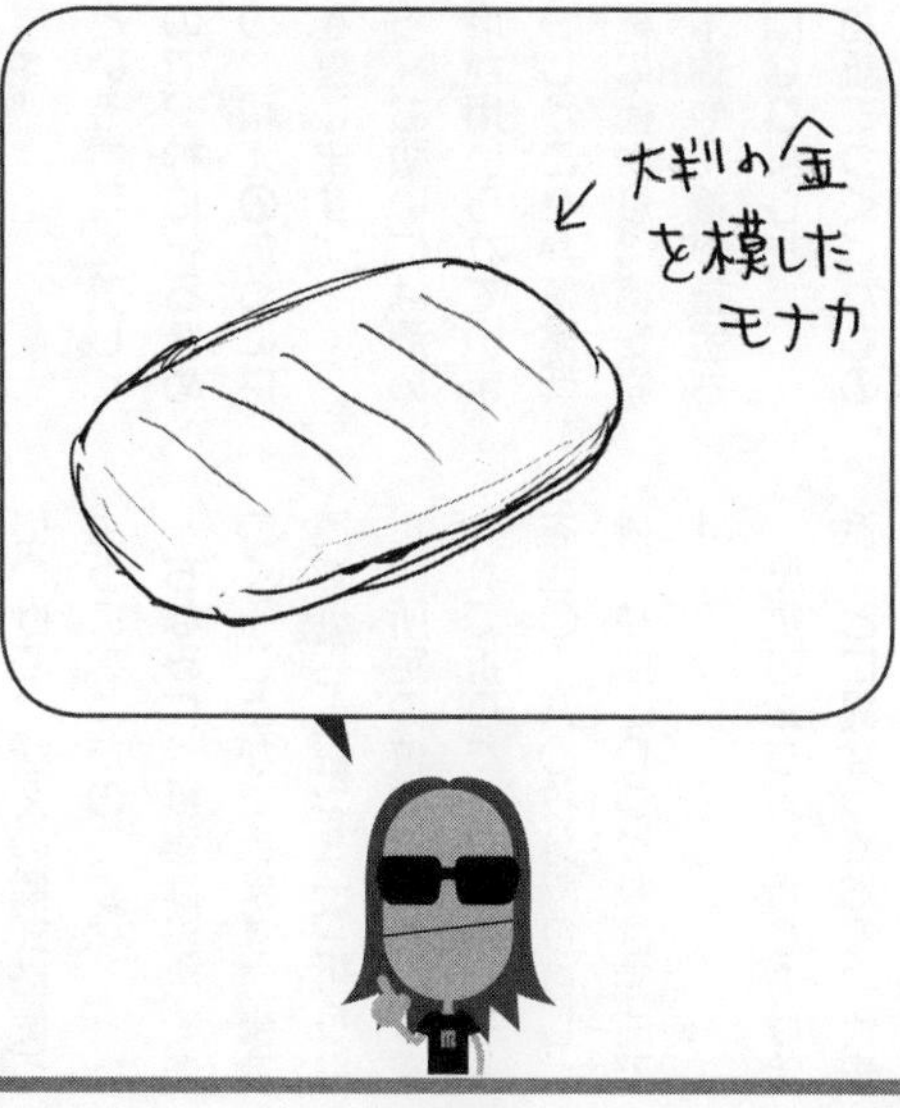

大判の金を模したモナカ

答え
053

神主さんが振る紙のついた不思議な棒は大幣、または大《おお》麻《ぬさ》といいます。「ぬさ」という言葉を美しく称したもので、神に祈るための捧げもの、祓《はら》えのために供えるものを指します。

古くから、お祓いには清めのために麻が用いられていました。いつしかこれが落葉低木である楮《こうぞ》に代わり、楮を原料とした木綿《ゆう》や和紙が重宝されるようになりました。

とくに和紙でつくったものを紙垂《しで》といい、今でも注連縄《しめなわ》に飾られているのを神社でみかけます。

やがて、この紙垂を榊《さかき》の枝につけて、祓えの儀式に使うようになったのです。

ちなみに、紙垂は自宅でもつくることができます。まず美濃紙《みのがみ》や半紙を二つ折りにし、所定の位置に切れ込みを入れて折りたたみます。これを四〇～八〇枚分繰り返し、榊の枝にとりつければ完成です。

紙垂の裁《た》ち方、折り方は流派ごとに異なっており、代表的なものには伊勢流、白川流、吉田流などがあります。

問題

054

木殺し

ヒント

大工さんなら誰でも知っている

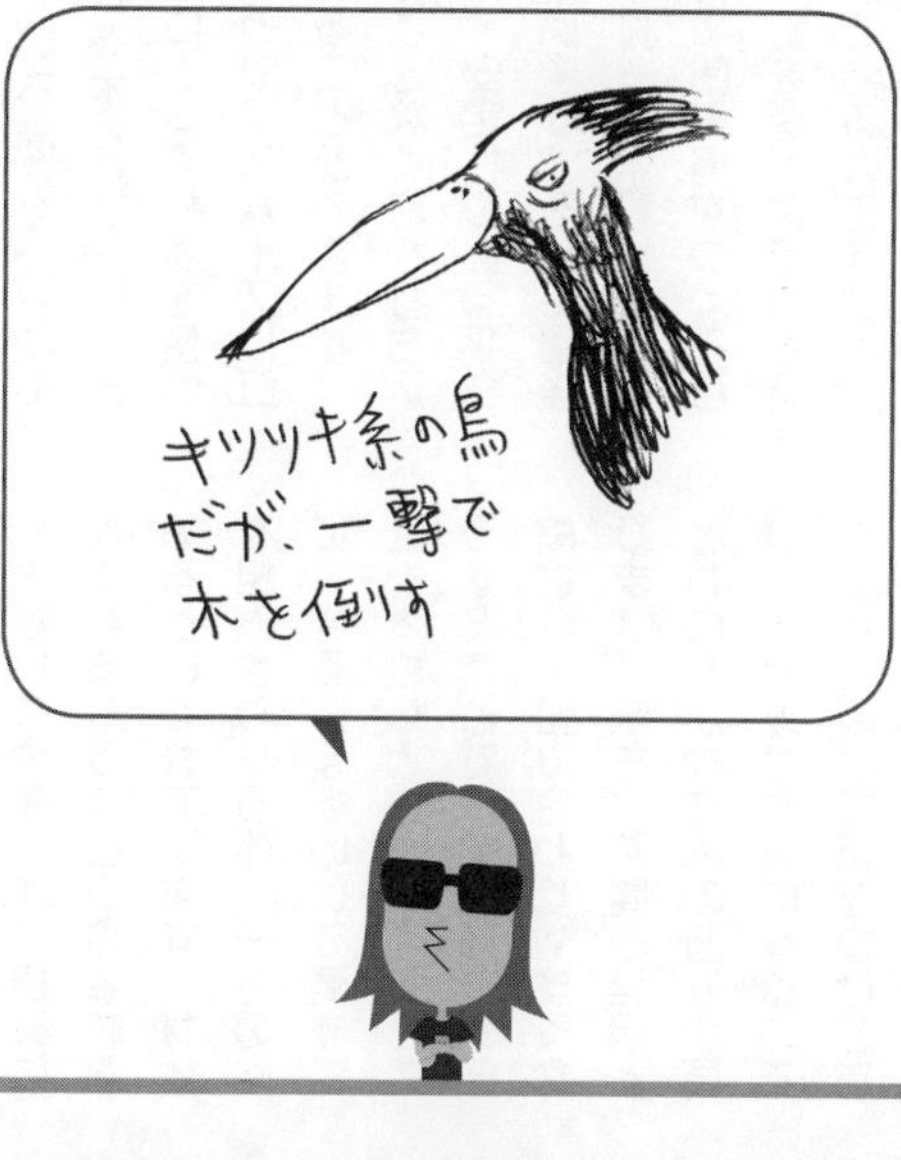
キツツキ系の鳥
だが、一撃で
木を倒す

答え
054

不正解
04勝50敗

トンカチの金具の打面《だめん》には、平らの面と、わずかに丸くなっている面の二つがあり、後者を木殺しといいます。用途によって打面を使い分けることで、スムーズに釘打ちをすることができます。まず滑ることなく釘を打ち込むために、安定性のある平らの面を使います。そして最後に、締め打ちで木殺しを用いることで、凹《へこ》み傷をつくることなく、釘を深くまで打ち込むことができるのです。

この知恵は日本独特のもので、欧米製のハンマーには木殺しの面はないとされています。

木殺しの語源には、建築にまつわるもうひとつの意味があるといわれています。材木を組み合わせる際、一方の端にできる突起を叩いて潰すことを木殺しというのです。こうすることで、突起部分が圧縮され、組み合わせやすくなります。また、時間の経過とともに叩かれた木の凹みが戻り、木組みが丈夫になるのです。木を叩いて傷をつけることから、このような命名がなされたそうです。

問題

055

絹糸《けんし》

ヒント

八百屋さんでみかける

答え

055

トウモロコシの実についているフサフサした毛を絹糸といいます。糸のように細く、収穫時期に絹のようなツヤが出ることに由来します。

トウモロコシのひげとも呼ばれる絹糸はトウモロコシのめしべです。茎《くき》のてっぺんにある雄花の落とす花粉がこの絹糸につくと受精します。絹糸は粒のひとつひとつから伸びているので、トウモロコシの粒とひげの本数は同じになります。

品種にもよりますが、一本の実には粒が六〇〇ほどついています。

絹糸は受精すると役目を終えて粒から切れてしまいます。収穫時にはおよそ四〇センチ、受精しなかった場合には一メートルもの長さになるといわれます。

また、絹糸は収穫時期の目安にもなります。トウモロコシの先端から絹糸が出て三週間ほどたち、色が焦げ茶になったころが時期です。ただし、ツヤが失われたときは過熟している可能性があるので、その前に収穫しなければなりません。

問題

056

バスケット

ヒント

雪山で使う

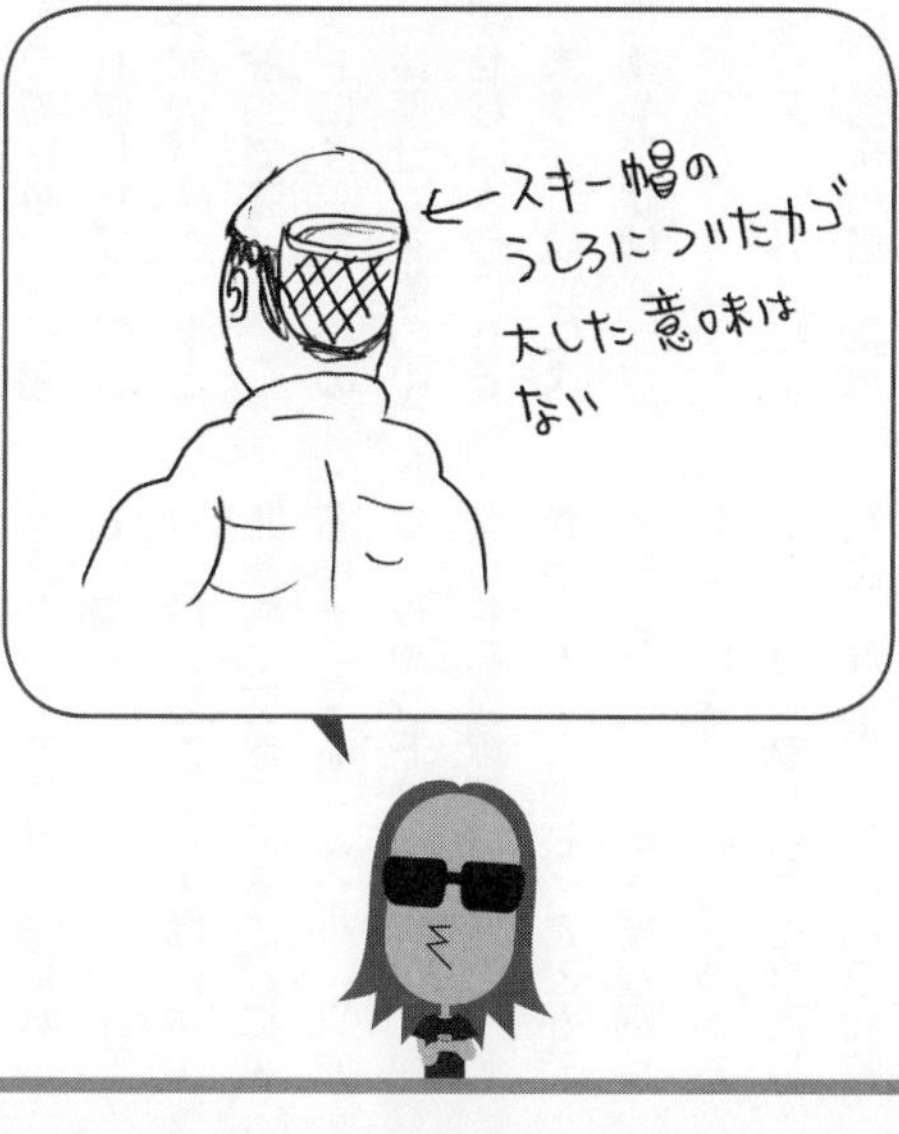

←スキー帽のうしろについたカゴ
大した意味はない

答え
056

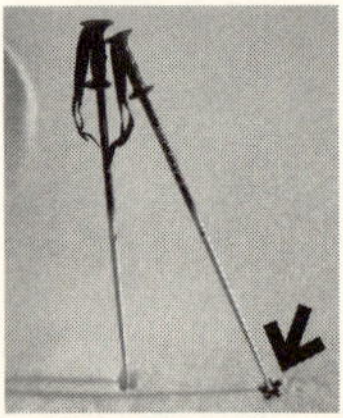

スキーのポールの先端についている輪をバスケットといいます。かつてはリング、雪輪とも呼ばれましたが、最近では英語表記のバスケットと呼ぶのが一般的です。

バスケットには、ポールのシャフト（捧部分）を雪の中に沈み込ませないようにする役目がありますが、競技によってその役割や形状はさまざまです。

たとえば、スピードスキーのポールは、あまり風の抵抗を受けずに、バランスを保つことができるような形状です。ヒップラインに合わせてシャフトがカーブしており、バスケットも円すい形になっています。

クロスカントリーは、ポールを雪に突き立てることによる推進力で滑るスポーツです。シャフトはその加重に耐えられる直線型の形状で、雪からスムーズに抜くことができるように、その先端が細くなっています。バスケットもチューリップを引っくり返したような水掻き型という独特の形状です。雪の中に鋭く突き刺す役割があります。

問題

057

カラビナ

ヒント

登山で使う

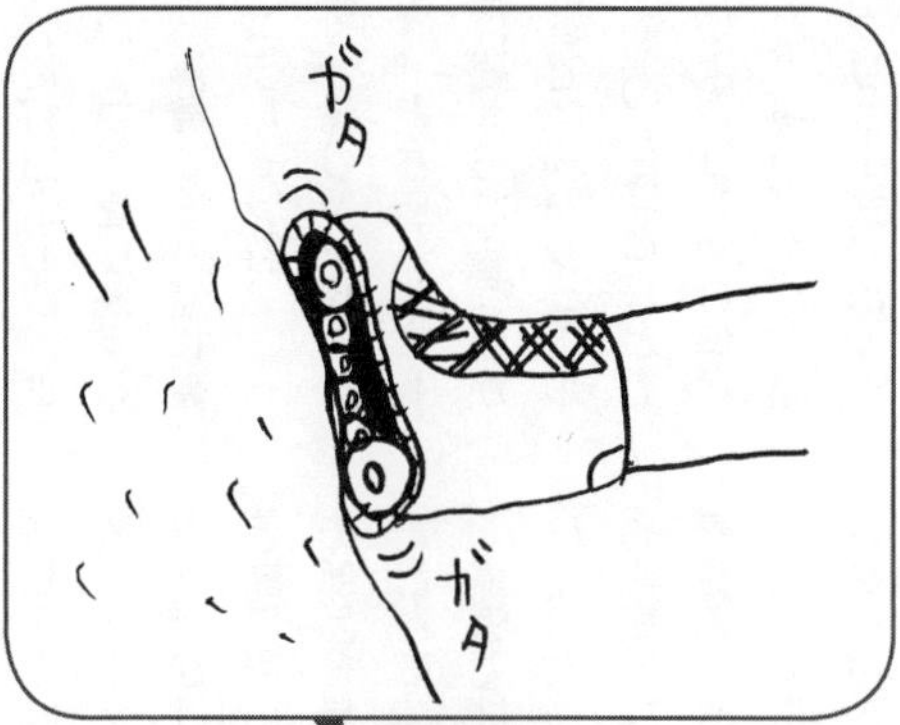

答え 057

登山用具として使われるアレはカラビナといいます。ハーケン（岩に打ち込む釘）とザイル（ロープ）を接続するための連結器具です。鋼鉄製またはジュラルミン製で、一部が開閉できるリング状になっています。どちらも約二トンの荷重に耐えられる強度があり、最近では軽いジュラルミン製のものがほとんどです。形状によりD型、O型、三角形などの種類があり、開閉部をスクリュー式でロックすることができる安全環付きのものもあります。

カラビナとはドイツ語のカラビナハーケンの略です。カラビナとはカービン銃のことで、ハーケンは鉤《かぎ》を意味し、モノをかけたり、止めたりする際に用います。カービン銃の部品金具として使われていたことに由来します。

最近では、ファッションのひとつとして雑貨コーナーでも販売されており、柔らかい素材のバッグや女性のパンツのベルトループに取りつけられたりします。ただし、ファッション用のものは登山で使用することができません。

問題
058

ブルズアイ

ヒント
刺さる

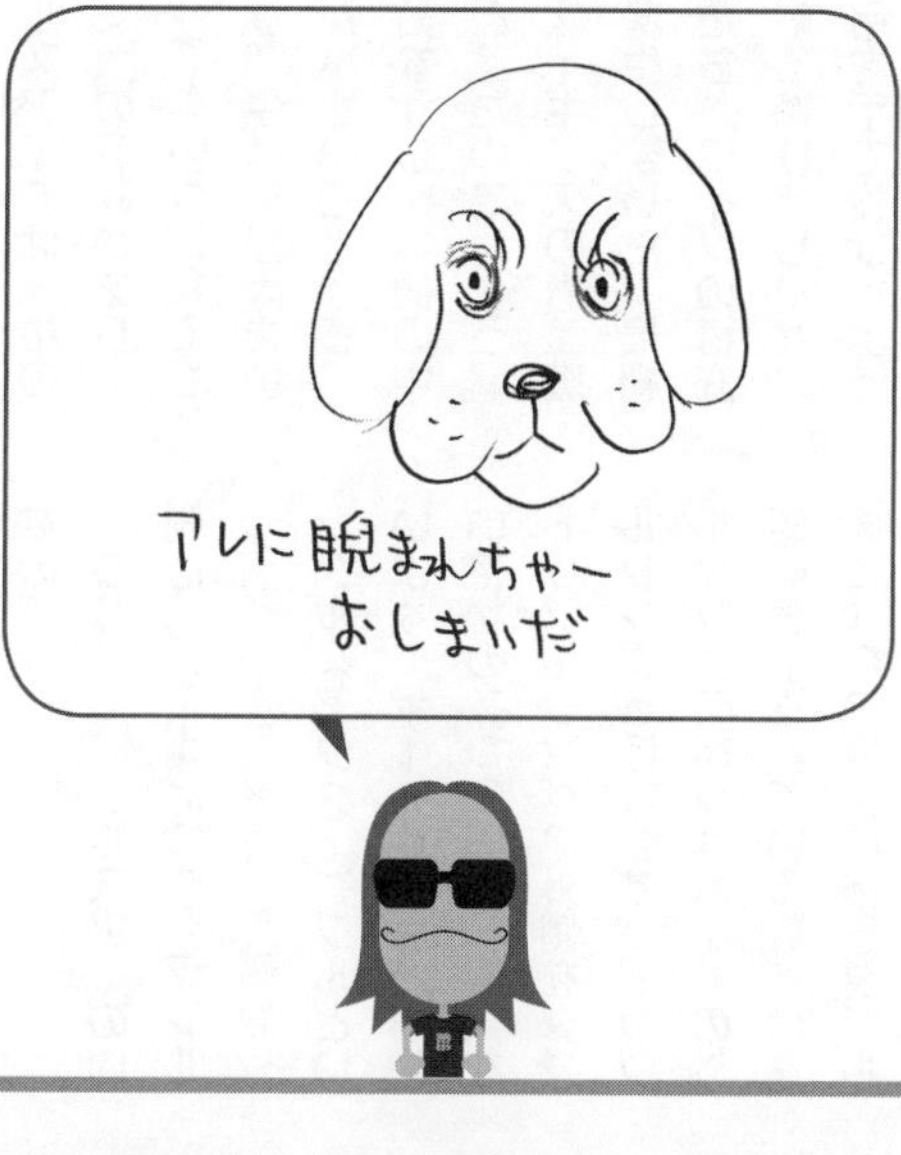
アレに睨まれちゃー
おしまいだ

答え
058

ダーツボードの中心にある小さな円はブルズアイといいます。ブルズアイには「牛の目を射抜く」の意味があり、「射撃の的」という言葉でも使われます。牛は体が大きいわりに目が小さいことから、狙うのがむずかしい「的の中心」をたとえたのでしょう。

ダーツはイギリスの薔薇戦争時代に誕生しました。最初は、兵士たちがワインの樽底に弓矢を射る遊びでしたが、そのうち弓を手で投げるようになり、的には木の古株が使われるようになりました。年輪の模様と乾燥によるひび割れが今のダーツボードの原型なのです。

ちなみに、ブルズアイの内側にある小さな円をダブル（インナー）ブル、外側はシングル（アウター）ブルといいます。ボードをふちどる細い帯状の二つの円は、内側をトリプルリング、外側をダブルリングと呼びます。トリプルリングの得点はボードの外側に表示されている数字の三倍になり、中央にあるダブルブルよりも得点が高くなることもあります。

問題

059

耳紙

ヒント

まとめ買いすることも

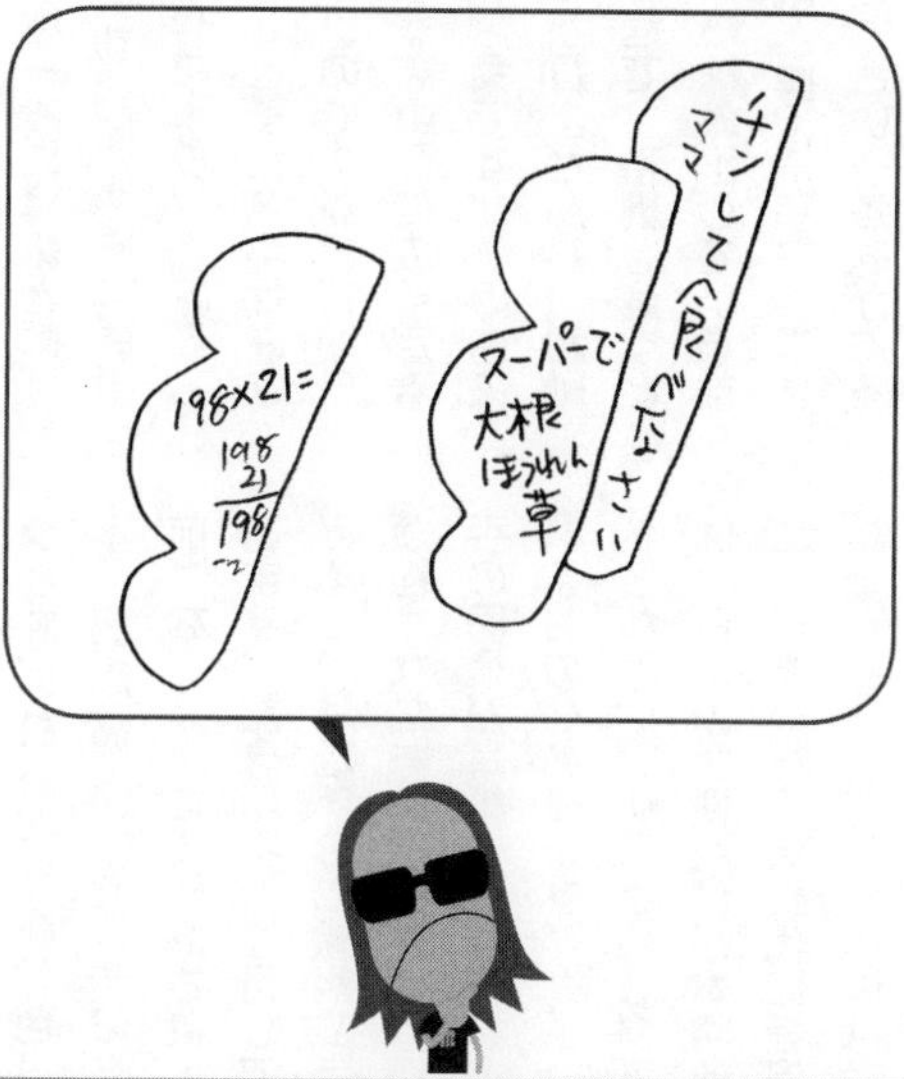

答え
059

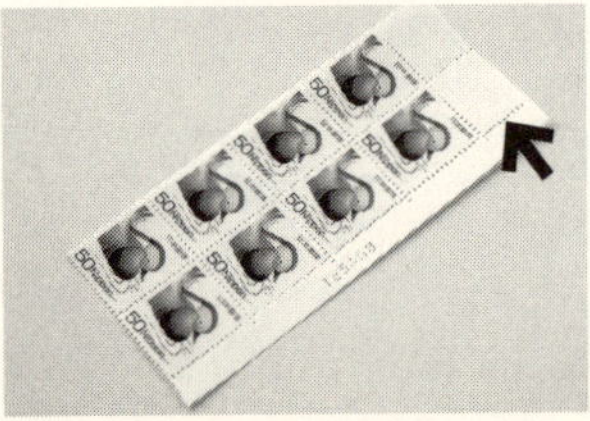

　切手をシートで買うと、周囲に無地の紙がついています。アレは一般に耳紙と呼ばれています。郵便局では現在、余白やマージンと呼ぶことが多く、とくに名称は決まっていないのですが、昔から切手収集家を中心に広く定着している言葉です。その由来はよくわかりませんが、和紙の製作過程で、和紙を漉《す》くときに枠からはみ出している部分を耳紙と呼ぶので、「あまりの部分」という意味があるのかもしれません。

　耳紙は通常は無地ですが、銘版《めいばん》（切手の製造所名）や発行年月日、カラーインクマークと呼ばれる印刷時の色見本、記念銘（記念切手の名前）などが小さく印刷されています。記念切手に注目してみると、耳紙部分に絵や文字が描かれたもの、なかには切手の図柄が耳紙まで延長しているものもあります。

　ちなみに、切手という言葉は、日本の郵便制度が本格的にはじまった明治時代に登場しました。命名したのは、「日本近代郵便の父」である前島密《まえじまひそか》です。

問題

060

呑水《とんすい》

ヒント

食器

答え
060

鍋料理を食べるときに欠かせない器、天つゆ入れなどにも用いるアレは呑水といいます。小鉢の片側が取っ手のように少し伸びた独特の形をしています。ちなみに、取っ手のない丸い器は玉割《たまわり》といいます。

　呑水は江戸時代中期に、中国から卓袱《しっぽく》料理とともに長崎へ伝わったのが発祥とされています。卓袱料理とは、大皿に盛られたコース料理を多人数で円卓を囲んで味わう形式のことです。

　このとき、陶器製のさじである湯匙《たんし》が日本に入ってきて、片やレンゲ（散蓮華《チリレンゲ》）となり、片や同じ起源のものが名前を残しつつ形状が変化して呑水となったようです。

　散蓮華は蓮《はす》の花が散った一枚の花びらに似ているためにそう呼ばれ、呑水は「たんし」がなまって「とんすい」と呼ばれるようになったという説があります。

　取っ手部分はレンゲの形だったころの名残りですが、熱い鍋料理の取り鉢としてたいへん重宝されています。

問題

061

ネコ車

ヒント

重いモノが運べる

答え
061

工事現場で土砂などを運ぶ際に使う一輪のアレはネコ車と呼びます。名前の由来には、「ひっくり返した形が睡眠時のネコの背中に似ている」「車輪のきしむ音がネコの鳴き声に似ている」「業界で『猫足場』と呼ばれるネコしか通れないような狭い足場を行き来することができる」といったように諸説あります。

そもそも一輪の手押し車は三世紀ごろの中国で使われはじめました。中国では「木《ぼく》牛《ぎゅう》」や「流馬《りゅうば》」と呼ばれています。

それとは別に、西欧でも一二世紀ごろに発明されました。一輪は同じですが、中国のものには荷台の下に車輪があり、舵《かじ》取りをするだけで楽に進むことができますが、西欧のものは荷台の先に車輪があって、舵をとりながら荷重も支えなければならないという効率の悪いものでした。一七世紀に西欧と中国の交易がさかんになって、ようやく西欧の一輪が改善されました。

ちなみに、英語ではホイールバローといいます。

問題

062

耳石《みみいし》

ヒント

斜めになっている

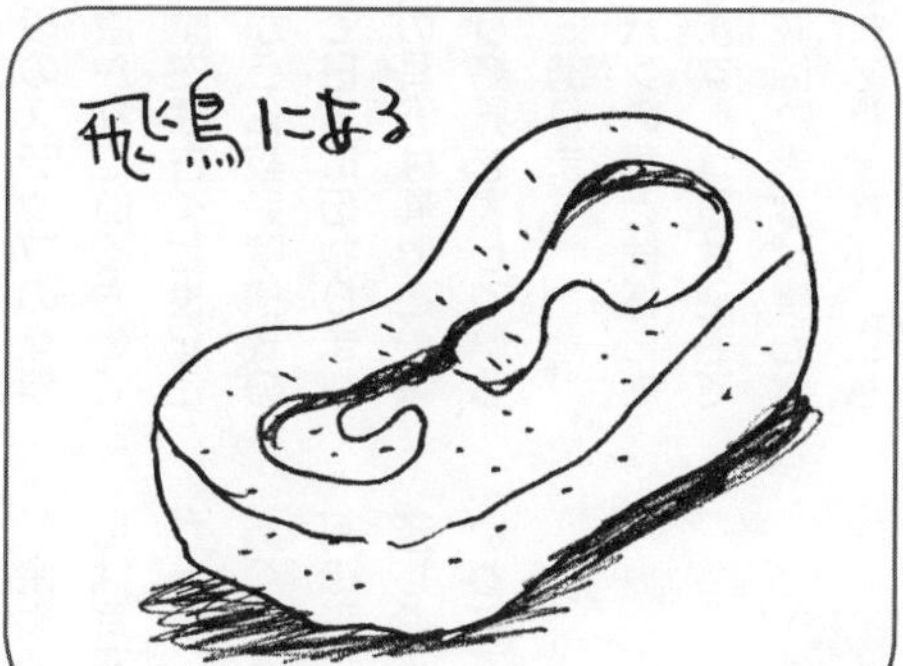

答え
062

石段の両端、または真ん中についている石を耳石といいます。階段のステップの傾斜に沿って置かれているものです。その歴史は古く七世紀ごろ、百済《くだら》から仏教寺院様式の一部として日本に伝わりました。両端の耳石は異界との境界、つまり結界を表しているという説もあります。

耳は、パンの耳と同様に端《はし》を意味します。耳石は別名で袖石とも呼ばれます。妻石という別名もありますが、こちらは妻が端にいるようなニュアンスでしょうか。今なら女性蔑視として槍玉《やりだま》にあがりそうな呼び名です。

余談ですが、静岡県三島市には耳石神社という名の神社があり、耳石と呼ばれる石があります。これは文字どおり耳の形に似た石で、耳の病に苦しむ人が祈願すると治るといわれています。

耳石神社にある耳石

問題

063

鋭匙《えいひ》

ヒント

痛そう

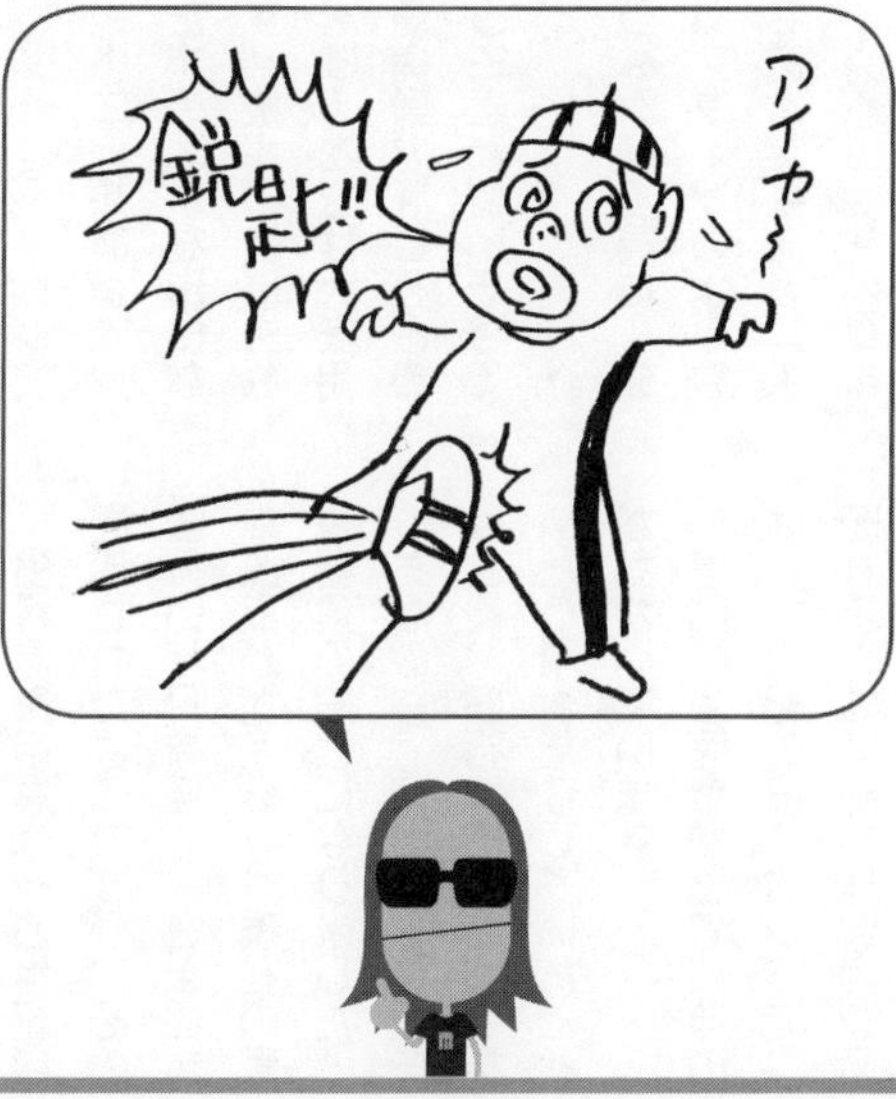

答え 063

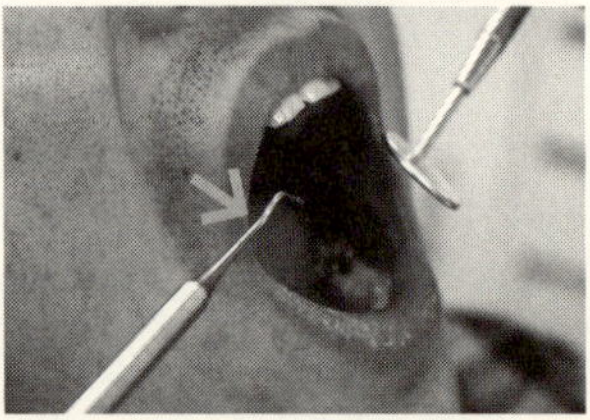

歯医者が虫歯をほじるときに使うアレは鋭匙といいます。

おもに大小二種類あって、先端がおたまのような形になっています。抜歯の後にきれいに掃除をするときは大を用い、虫歯や病巣をほじるときは小を使うことが多いそうです。

似たような医療器具に、先端が小さいスプーンのような形になっているエキスカ（エキスカベーター）があります。治療中の仮の詰め物や、虫歯でやわらかくなった象牙質を取り除いたりする際に使われるものです。

歯科治療用具は一四世紀に発明されたようですが、その後長い年月を経て、さまざまな改良が加えられ、現在の医療器具のもとになりました。

ちなみに、歯の治療の歴史は古く、旧石器時代に歯を抜いたり削ったりしていたことがわかっています。

専門の歯医者が出てくるのは一六世紀のヨーロッパで、それまでは医師や理容師が歯の治療を行っていました。

PART.5

あなたの体のアレの名前

体にまつわる名前をあてるコーナー。
顔や手足の「あんな部分」や「こんな部分」が問題になっているよ。
いつもは「ココ」とか「アレ」とかいう部分にもユニークな名前が！

問題
064
耳の前側にある出っ張っている部分

みうらさんの解答

「出っ張り」。

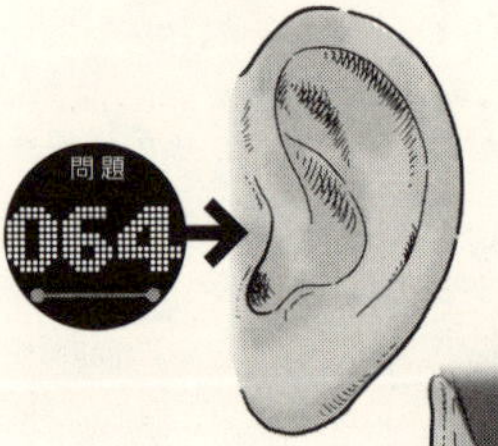

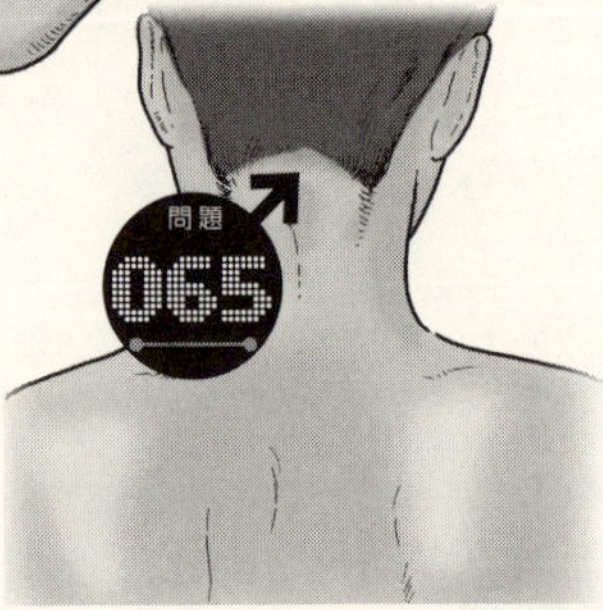

問題
065
うなじのくぼんでいる部分

みうらさんの解答

「正解」って、呼ばれている部位じゃないでしょうか。押されると気持ちいいツボ。

問題
066

鼻をふくらませることができる部分

みうらさんの解答

鼻房ですね。「ハナブサ」。

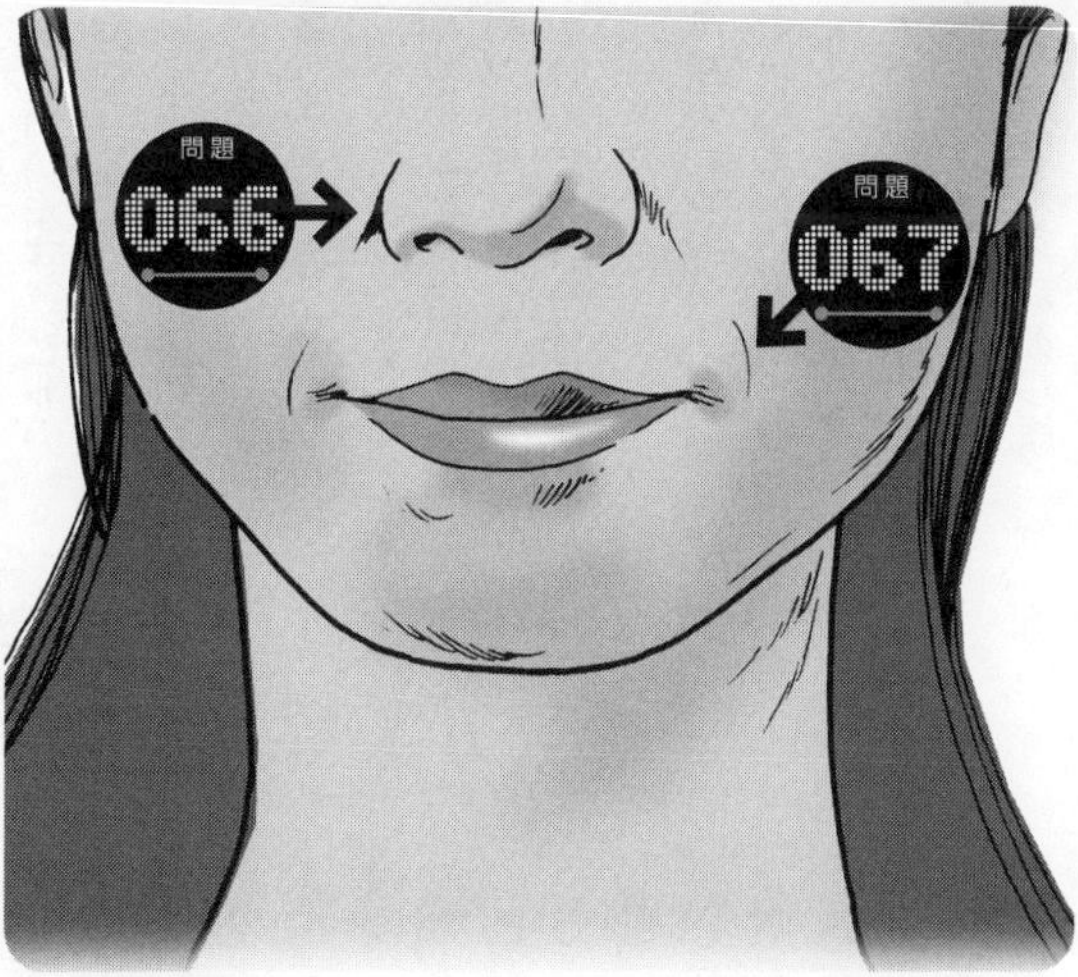

問題
067

鼻から口にかけてできるシワ

みうらさんの解答

「アルカイック・スマイル・シワー」。通称、小ジワでしょ。

答え
064
「耳《じ》珠《じゅ》」

耳の穴の入口にある出っ張り部分を耳珠といいます。ヒトの耳の形を貝に見立て、貝の中にできる丸い玉を意味する言葉である「珠」と耳を組み合わせたことに由来すると考えられています。

耳珠の中央には飢点《きてん》という食欲を抑えるツボがあるので、女性は覚えておくとよいかもしれません。

耳珠は英語ではトラガスといい、日本では慣用的に耳珠ピアスをトラガスと呼んでいます。有名芸能人が開けていることもあり、はじめての軟骨ピアスとしてトラガスは人気があります。

答え
065
「盆《ぼん》の窪《くぼ》」

うなじの中央のくぼんでいる部分は盆の窪と呼びます。解剖学の用語では項窩《こうか》といいます。由来には諸説ありますが、「坊の窪み」、つまり坊主頭にした際にくぼみがよくわかる部位であることから名づけられたという説が有力です。

ちなみに、盆の窪には瘂門《あもん》というツボがあり、その奥に延髄（脳の一部）があって、うまく刺さると死にいたることもあるとされています。

みなさんもご存じの時代劇『必殺仕事人』で、飾り職人の秀《ひで》が悪人をしとめる際に刺す位置としても有名です。

答え
066
「鼻翼《びよく》」

鼻の頭の両側にあるふくらむ部分を鼻翼といいます。同じ意味の小鼻という呼び名のほうが、なじみ深いかもしれません。鼻の左右にふくらみが広がっている様子を鳥の翼に見立てたことが名前の由来とされています。

日本人は欧米人に比べて、鼻翼は幅広で鼻筋も低いのですが、そんな日本人だからこそ発明できたものがあります。それは一六世紀ごろに西欧からもたらされた眼鏡です。鼻が低かったのでなかなか眼鏡が合わなかった日本人だからこそ、フレームの支えとなるブリッジを思いつくことができたのです。

答え
067
「法令線《ほうれいせん》」

加齢によってできる、小鼻から口元にある八の字のシワは法令線といいます。医学の専門用語では鼻唇溝《びしんこう》と呼びます。東洋医学がその起源ではないかという説があります。

東洋医学では古くから、医師はこの顔のシワをみて骨盤の状態を判断したようです。シワが左右対称でない人は骨盤が悪くてまっすぐに歩けない人、つまり法令を守れない人と判断されたため、これを法令線と呼ぶようになりました。

豊かに年齢を重ねた証《あか》しであるという意味合いから、豊齢線（豊麗線）と書かれることもあります。

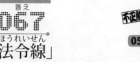

問題

068

ひじ先をぶつけたときにビリビリするアレ

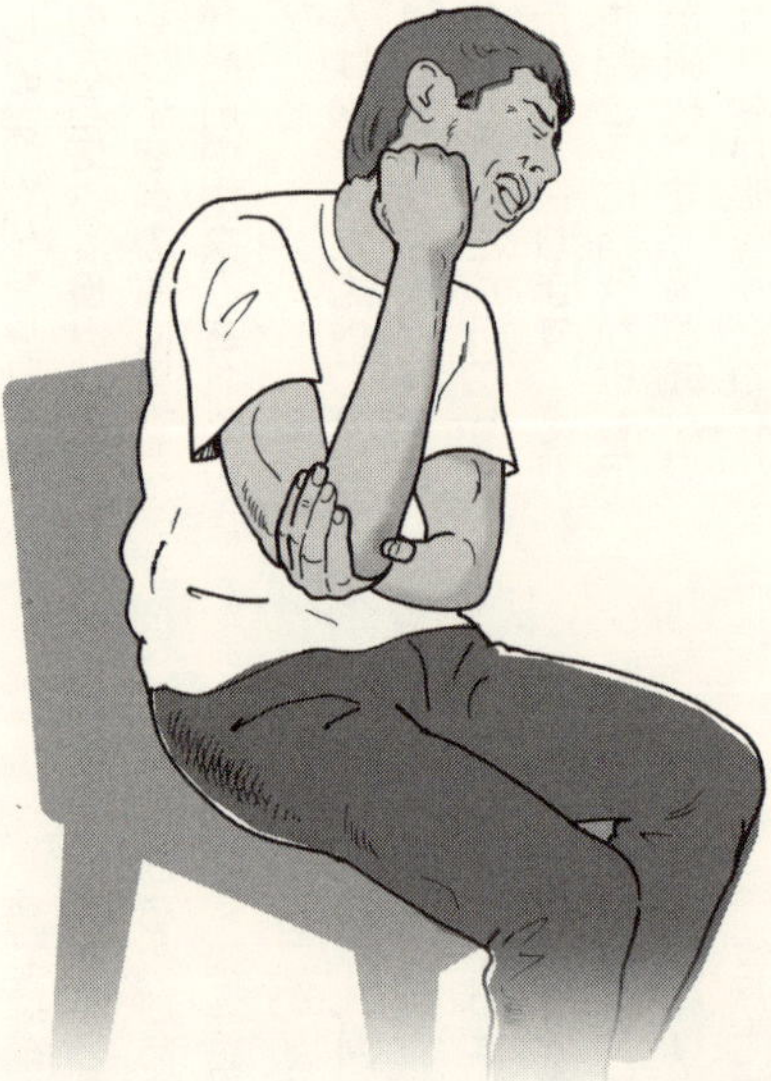

みうらさんの解答

アレっていわれても、
そりゃ「ビリビリ」でしょ。

問題
069

爪の付け根にある白いアレ

みうらさんの解答

甘…何とかでしょ。

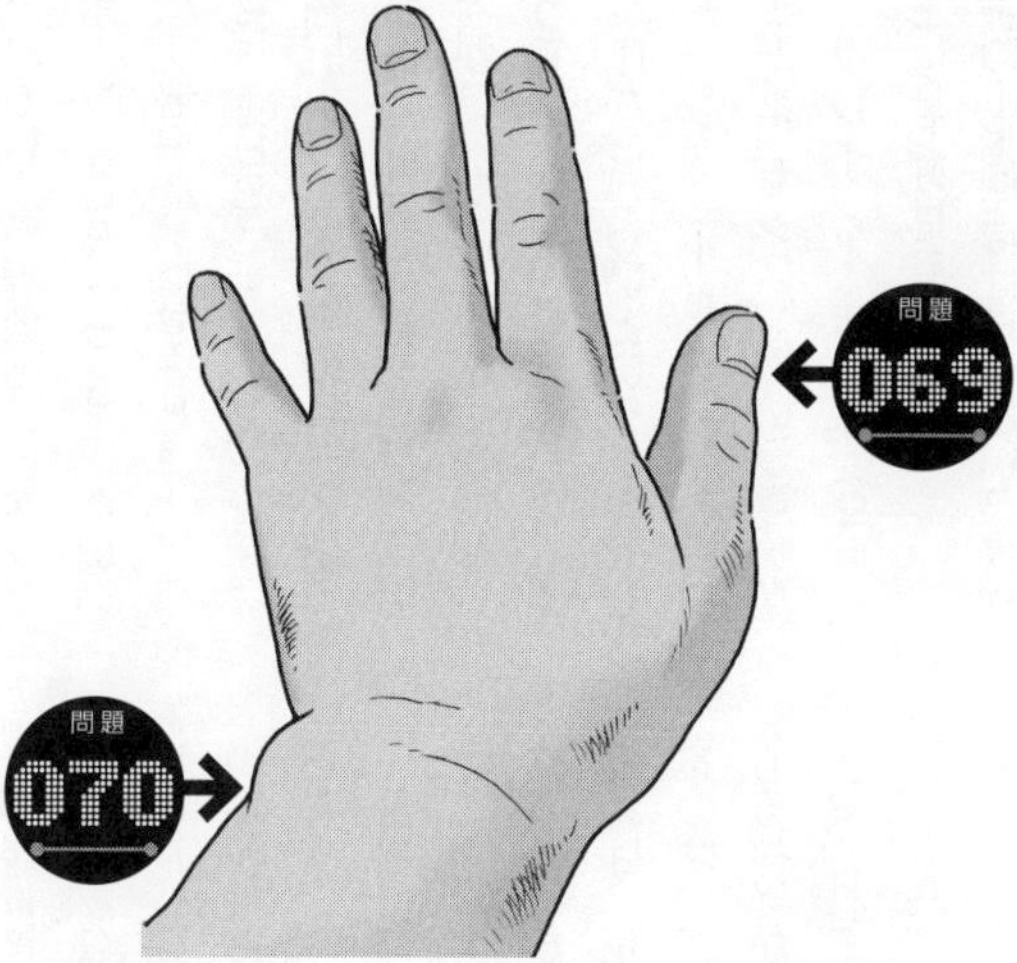

問題
070

手首についているくるぶしのような部分

みうらさんの解答

「腕時計ストッパー」。
通称、
ストッパー・ボーン。

答え

068

「ファニーボーン」

ひじの先をぶつけて、腕がジーンとしびれてしまう現象のことをファニーボーン（funny bone）といいます。上腕骨を意味するヒューメラス（humerus）と、「おかしい」「面白い」という意味のヒューモラス（humorous）の発音が似ていることから、ファニーボーンとなったそうです。衝撃を受けてしびれる体の反応がおかしいということでしょうか。ファニーボーンは英語で「ユーモアのセンス」という意味があり、クレイジー・ボーン（crazy bone）とも呼ばれます。

　前腕の小指側には尺骨《しゃっこつ》という骨があり、この尺骨に沿って尺骨神経があります。実際には、骨ではなく、この尺骨神経が刺激されてしびれがもたらされます。小指のほうまでビリビリしびれるのは、尺骨神経が浅い場所にあって刺激を受けやすいからです。

　ちなみに、体がしびれるのは、ファニーボーンのように神経が圧迫されることが原因と考えられます。たとえば、正座をしていて足がしびれるのは、血行不良と、ひざの裏側にある神経が圧迫されているからです。

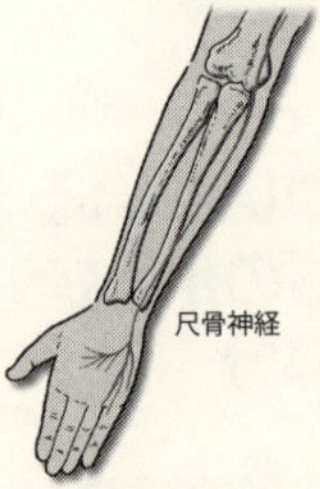

答え
069
「爪半月《そうはんげつ》」

05勝64敗

指の爪の根元にある白いアレは爪半月といい、爪のできたての部分です。爪半月の出現には個人差があり、両手の指にまったくない人もいます。健康状態にはほとんど関係ありません。

また、爪にできる白い斑点は点状爪甲白斑《そうこうはくはん》で、爪の星、幸運の星などと呼ばれ、「これが出ると衣類が新調できる」といった俗信もあるそうです。ちなみに、もし爪に気になる症状が出てきた場合、爪は皮膚の一部なので、皮膚科に行くようにしてください。

なお、爪が伸びやすいのは夏で、中指がいちばんよく伸びるそうです。

答え
070
「豆状骨《とうじょうこつ》」

05勝65敗

手首の小指側の付け根にぽっこりあるアレは豆状骨という骨です。豆状骨は、手のひらと手首の間にある、手の根元を構成する手根骨《しゅこんこつ》のひとつです。

手根骨は八つの骨から成り立っています。ここには、ごそっと石ころのような骨が集まっているのです。豆状骨のほかに舟《しゅう》状骨《じょうこつ》、月状骨《げつじょうこつ》、三角骨《さんかくこつ》、大菱形《だいりょうけい》骨《こつ》、小菱形骨《しょうりょうけいこつ》、有頭骨《ゆうとうこつ》、有鈎骨《ゆうこうこつ》で、手根骨は構成されています。

なお、豆状骨のすぐ横には、緊張をほぐす、乗り物酔いに効くといった効果があることで有名な神門《しんもん》というツボがあり、とくに便秘に効くようです。

問題

071

ひざの後ろにある くぼんでいる部分

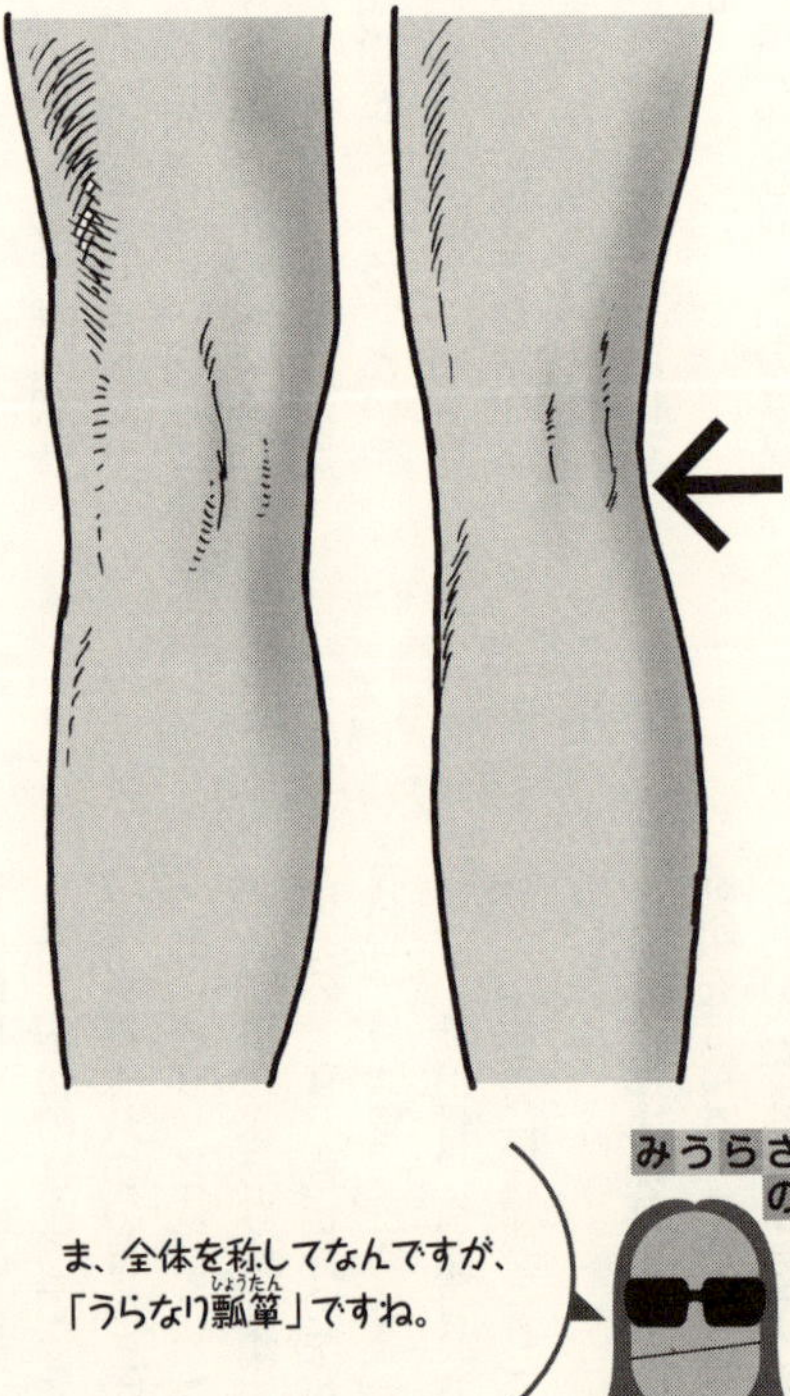

みうらさんの解答

ま、全体を称してなんですが、
「うらなり瓢箪《ひょうたん》」ですね。

問題

072

足の親指と人差し指の間

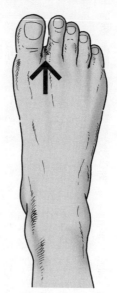

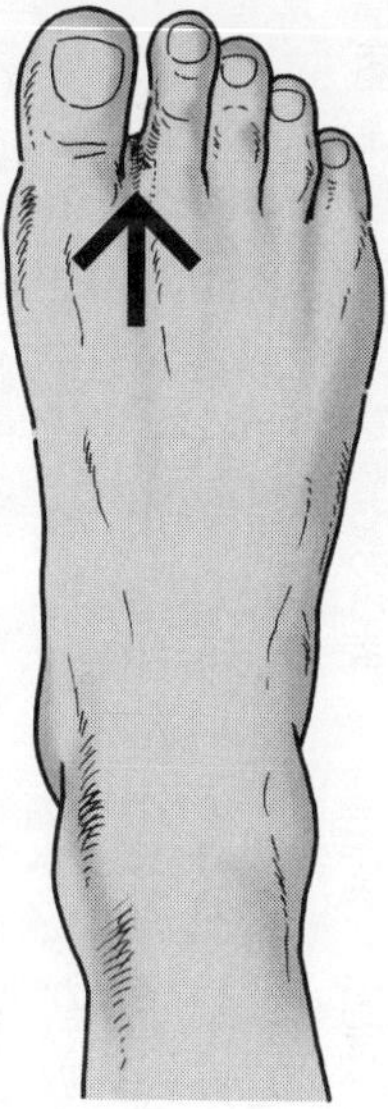

みうらさんの解答

要するに、水虫の住む家ですね。
これは中川家的に「水虫家」ですね。

答え

071

「ひかがみ」

ひざの後ろのくぼんでいるところは「ひかがみ」といいます。引屈《ひきかがみ》という言葉が転訛《てんか》したもので、引いてかがむことに由来します。「うつあし」「よほろ（よぼろ）」「よぼろくぼ」「ひっかがみ」「膝窩《しっか》」など、たくさんの別名があります。

　この言葉は古くから使われており、奈良時代には、「ひかがみ」「よほろ（よぼろ）」は二十一歳から六十歳までの男子という意味もありました。律令制度の夫役《ぶやく》の対象である男子は脚力を要したことから、本来のひざの裏という意味が転じて、このように使われるようになったとされています。

　一般の人にはあまりなじみがありませんが、剣道・弓道・柔道など、武道をたしなむ人にとってはとてもなじみ深い部位でもあります。

　剣道では、踏み込む際、左足のひかがみの張り具合や余裕の持たせ方など、ひかがみの使い方が重要とされます。弓道では「射法八節」と呼ばれる、射の動作を八つに分けた指導法にひかがみの名がみられます。足を踏み開き、腰を据えてしっかりとひかがみを伸ばし、丹田《たんでん》に息を下ろして下半身を安定させます。

　そのほかに、能楽といった古典芸能の所作でも、武道と同じようにひかがみが重要視されるようです。

答え
072
「小股《こまた》」

足の親指と人差し指の間のことを小股と呼びます。もともとは和装・足袋《たび》業界の専門用語で、足袋の親指とそれ以外の部分を分ける切れ目を意味しました。

「小股の切れ上がったいい女」という慣用句がありますが、これは「きりりとして小粋な女」を意味し、この「小股」を足の小股とする説があります。

井原西鶴は『好色一代女』で、当時の美人の条件について「足は大きすぎず、親指を上に反らして」と記述しています。たしかに浮世絵をみると、多くの美人画では足の親指を不自然なほど反り返しています。実際に足の親指を反らすと、足首に力が入ってキュッとしまり、立ち姿が美しくなる効果があるようです。また当時、職人たちは足袋の小股部分の余計な糸を切ることを「小股を切る」といいました。そのため、「小股の糸が切れるほど足の指を反らした」女が「きりりとして小粋ないい女」を意味するのではないかとされているのです。

そのほかにも、小股の「こ」は接頭語で意味はなく、股の付け根を指して「足の長い女」とする説、股は「着物の合わせ目」でそこから見え隠れする太股とする説など、諸説あります。

COLUMN 3

意外と知らない記号の名前

記号は毎日のように目にしますが、その名前を知っている人は意外にも少ないでしょう。そこで、日常生活でとくに使用頻度の高いものを紹介していきます。

「・」（中点《なかてん》）

中黒《なかぐろ》ともいいます。本来は読まれない記号ですが、必要に応じて「ポツ」「ポチ」とも読まれます。ちなみに、箇条書きの文頭に表示する「・」は、正しくはビュレットという別の記号なので注意しましょう。

「ー」（音引《おんび》き）

日本語の長音記号（長く伸ばして発音する記号）です。最近では、末尾の音引きを省略する傾向にあります。その一方で、マイクロソフトはWindows7以降、カタカナ語末尾の音引きルールを変更し、より発音に近い表現を目指すとして、音引きをつけて表記を統一しました。たとえば、「ドライバ」「ブラウザ」と表記されていたものが、それぞれ「ドライバー」「ブラウザー」といったように変更されています。

「々」(同《どう》の字点《じてん》)

前の漢字を重ねる際に用います。漢字と勘違いしている人も多いのですが、あくまで記号のひとつです。「々」を分解するとカタカナのノとマにみえるため、通称「ノマ」とも呼ばれます。

ただし、上の正式名称では肝心のパソコンのキーボードで呼び出せないものもあります。そのため、記号の名前が一般的に知られていないのかもしれません。ちなみに、「々」は「おなじ」と入力すれば呼び出すことができます。

PART.6

意外な名前のアレ

三択から「モノの名前」をあてるコーナー。
三択だから正答率を上げるチャンスだけど、
どれもが正解にみえてきてむずかしいよ。

三つの中から品物の名前を選ぼう。
選択肢があるからカンタンと思ったら大間違い！
予想外の答えだらけだよ。

Let's go !

問題
073

タコの口のような部分

① ホース
② 漏斗《ろうと》
③ ひょっとこ口

みうらさんの解答

正解番!!
これは包茎に対する用語です。

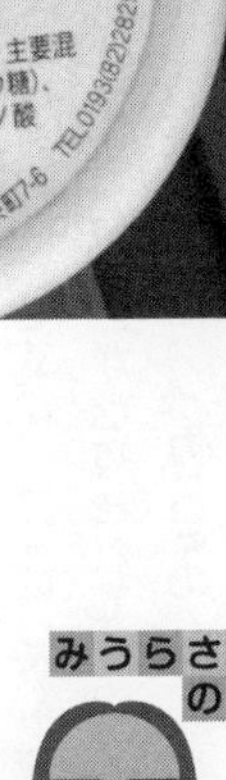

答え
073

② 漏斗

タコの口のような部分の名前は漏斗といいます。筒の形をしていて、化学実験などで使われる漏斗に似ていることに由来します。

この部分は、同じ頭足類のイカにも存在します。イラストではモノを吸いつくための口として描かれることが多いのですが、じつは漏斗にそのような役割はありません。

実際には、食べ物を取り込む口にあたる器官は足の付け根にあるからです。

漏斗の役割はモノを吐き出すことで、フンやスミ、精子（オスの場合）などを排出しています。また、漏斗から水を勢いよく噴出することによって、前後に動くことができます。

ちなみに、タコやイカは外敵から身を守るために漏斗からスミを吐き出します。漏斗の奥には墨汁嚢《ぼくじゅうのう》という部分があり、そこでつくられたスミを敵に向かって噴射することで、敵を麻痺《まひ》させたり目をくらませたりすることができるのです。

スミの主成分は、人の髪にも含まれる黒い色素であるメラニンの一種ですが、一部にうまみ成分のアミノ酸が含有されています。そのために、イカスミのパスタなど、料理にも使われるのです。

問題
074

歯医者が虫歯をギュルギュル削るアレ

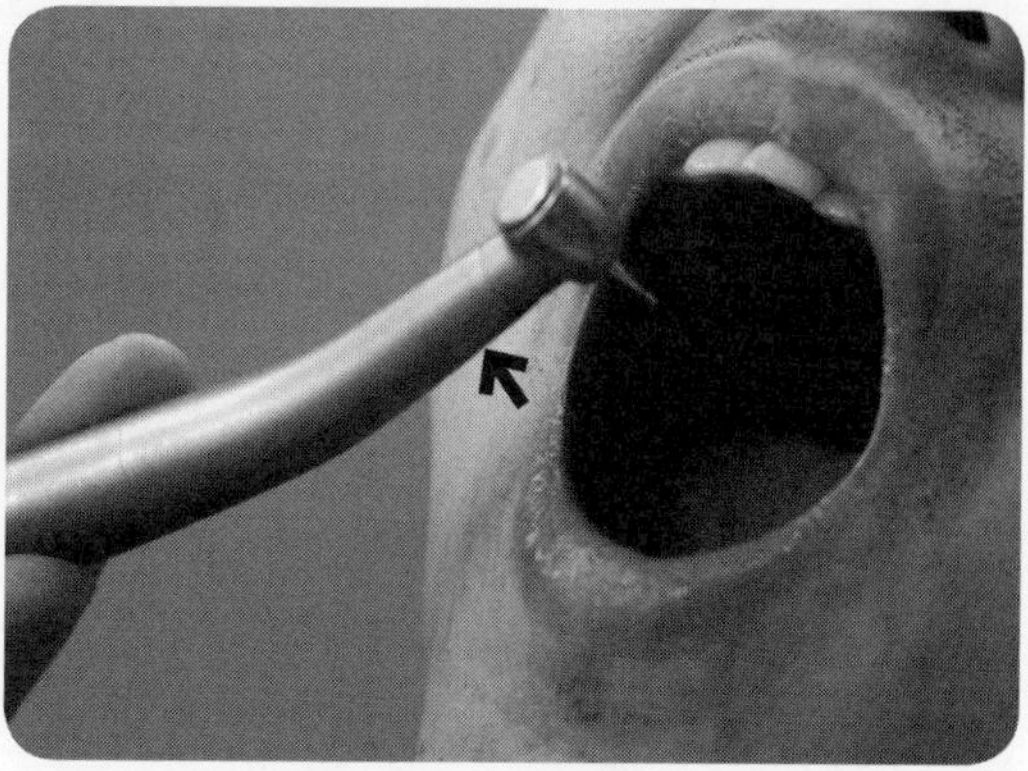

① タービン
② ドリル
③ ギュール

みうらさんの解答

正解番!!
ドリルだと患者に恐怖心を与えるので、
よくわからない名称にしてあるんです。

答え
074

① タービン

「キュイーン」という嫌な音を立てて、歯医者が虫歯を削るときに使うアレはタービン、もしくはエアータービンといいます。

タービンとは、もともと回転式の動力装置全般を指します。ガスタービン、蒸気タービンといったものがあり、身近なものでいえば発電用の風車もタービンにあたります。そのため、歯医者で使われる圧縮空気を利用した高速回転ドリルをエアータービンと呼ぶようになりました。エアーはしばしば省略されてタービンと呼ばれます。

タービンのヘッドの内部には、高速回転する装置（タービン）が入っています。

ここに圧縮した空気を吹きつけることにより、タービン、ひいてはバー（ダイヤモンドがついた歯を削る器具）が高速で回転します。これを歯にあてることで、表面を削ることができるのです。

歯が削られているときに、冷たい水がスプレーされるのは、回転時の熱を逃がすためです。

タービンは毎分三五～五〇万回も回転しており、表面のスピードは新幹線の速さとほぼ同じといわれます。それだけ人の歯は削れにくく、丈夫で堅いということなのです。

問題

075

リーフレットなどを束ねて収めるファイル

① フォルダー
② タトウファイル
③ ポケットケース

みうらさんの解答
③番!!
小さいですがね。

答え
075

② タトウファイル

会社案内や商品紹介のカタログがコンパクトにまとめられていて、担当者の名刺がそのポケットに入っている、あの紙製のファイルはタトウファイル、またはタトウフォルダーというちょっと変わった名前です。タトウというのはおもに業界内での名称で、一般にはポケットつきファイル、カバーフォルダーなどの名称で呼ばれています。

「タトウ」は昔から日本にある畳紙《たとう》（「たとうがみ」の略）に由来します。畳紙は着物を包む専用の和紙で、吸湿性や通気性に優れているため、今でも着物の保管に利用されています。タトウファイルは印刷物を収納する紙のフォルダーというところでしょうか。オーダー品が多く、名刺をはさむ切り込みを加えたり、カバー印刷を凝《こ》ったものにするなど、カスタマイズすることができます。

おもに製作を請け負うのは紙器業の会社です。紙製の箱などを製作する紙器業会社は、紙を展開図の型通りに切り抜く、打ち抜き加工を得意としています。

タトウファイルは、まずは展開図の形に打ち抜かれ、次に折りや貼り作業を経て完成します。この打ち抜き技術は紙コップや飛び出す絵本のポップアップの製作にも用いられています。

問題
076

がま口にある玉型の金具

① かえる玉
② ぷっちん玉
③ らっきょう玉

①番!!
たぶん、ここが目玉にあたる部分で、
全体をかえると呼んでいるのでしょうか。

答え
076

③ らっきょう玉

がま口のお財布の口金についているパチンとなるところは、らっきょう玉といいます。らっきょうに似ていることから、そのような名前がついたようです。がま口という呼び名は、ガマガエルが口を開いた感じに似ている、お金がカエルという縁起を担いでいるといったことに由来します。

財布の歴史を振り返ってみると、平安時代のころには紙に包んで懐中にお金を入れていました。その後、巾着《きんちゃく》のような袋に入れるようになり、江戸時代には長いひものついたポシェット型の銭入れが活躍します。穴の開いている貨幣はひもにとおして持ち歩くこともありました。

がま口財布が登場するのは明治に入ってからです。もともと軍隊で兵士の物入れとして使われていたようですが、明治四年に新貨幣が発行されると、舶来ものの財布の影響を受けて広まりました。そのころのがま口財布は「げんこつ」とも呼ばれていたそうです。

さらに紙幣が発行されてからは、二つ折りの布や革製の財布が主流になっていきます。最近では、がま口をポシェットやかばんにアレンジしたものが流行りです。とくに京都はがま口の生産が盛んで、お土産の定番になりつつあります。

問題
077

ボールペンについているアレ

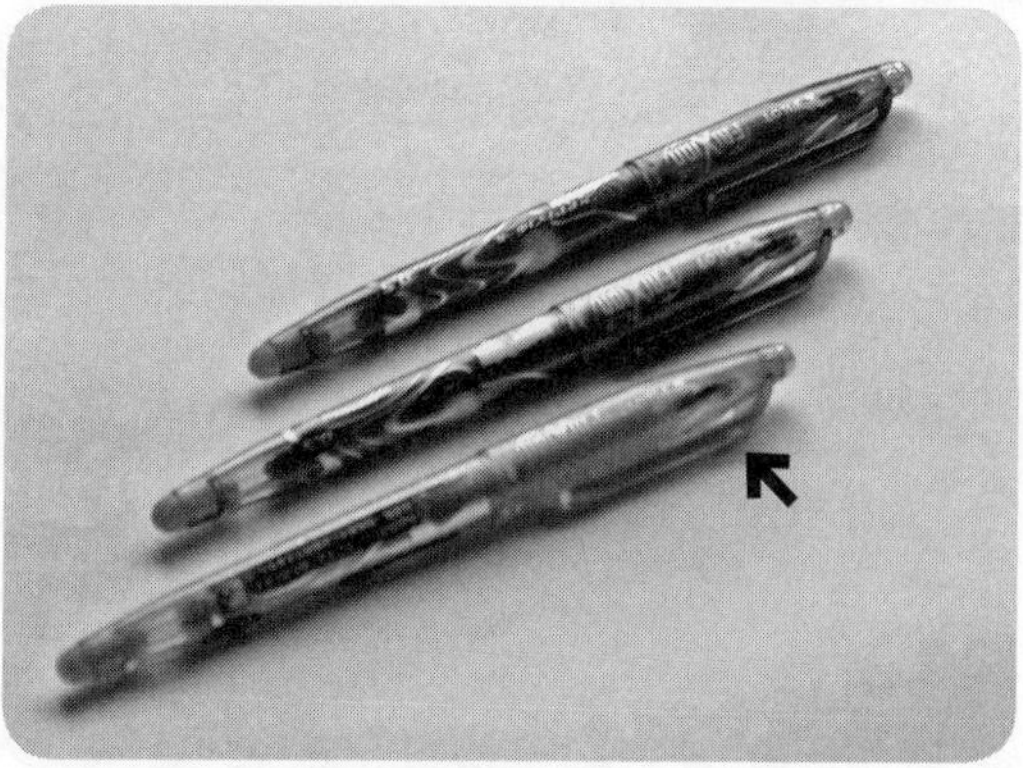

① クリップ
② サック
③ ひっかけ

答え
077

① クリップ

ボールペンを胸ポケットにかけるときに使うアレはクリップ、またはポケットクリップと呼びます。「クリップ」という言葉からまず連想するのは紙を束ねてとめるペーパークリップですが、前ページの写真のクリップにもポケットに差してはさむという似たような機能があることから、同様の名称がつけられました。

最初にクリップを装着した筆記具は、一九世紀半ばに実用化された万年筆だと考えられています。次がシャープペンシルで、一九一五年に日本初のシャープペンシルとして実用化された「早川式繰出《くりだし》鉛筆」には、クリップがついていました。

ボールペンにも登場した当初からクリップがついていましたが、実際に市場に出回ったのは二〇世紀半ばで、もっとも遅くなってしまいました。インク漏れの防止に高度な技術を要し、ペン先ボールの高精度加工技術や高粘着性インクの開発に難航したためです。

ちなみに、ペーパークリップにも名前があって、シンプルな針金を二重に巻いたものをゼムクリップ、金属製バネのしかけでつまみ部分に丸い穴が開いたものを目玉クリップといいます。つまみの部分を折り返せるタイプはWクリップ（ターンクリップ）と呼ばれます。

問題
078

袋の口などをとめるアレ

① ネジリング
② ワイヤーリボン
③ ツイストタイ

みうらさん
の解答

②番!!
こんな名称だったら、
お菓子のプリティさ台無しです。

答え
078

③ ツイストタイ

袋の口をとめるアレはツイストタイといいます。もともとは園芸用品として、植物のツルを支柱に固定したり、添え木に使用したりするために使われていました。

ツイストは「ねじる」、タイは「結ぶ、ゆわく」という意味で、「ねじって結ぶ」という使い方から、このように名づけられました。

針金をビニールで保護し、風雨にさらされる屋外でも錆《さ》びないように工夫されています。

こうした工夫によって、指をけがしない、台所まわりでも使用できるといった評判を呼び、電気製品のコードを束ねたり、野菜をまとめたりと、そのほかの業種でも幅広く使われるようになりました。製品の組み立てや出荷の際に、ツイストタイの自動結束機を備える工場も増えてきています。

用途の広がりとともに、それまでのガーデニングコーナーからラッピング売場、文具雑貨売場など、いろいろなところで目にするようになりました。

今では自由な長さで切ることのできるロールタイプ、リボンタイプ、カラフルなもの、材質がすべて紙のものといったように、さまざまな種類のツイストタイが販売されています。

問題

079

耳かきのフワフワした白いアレ

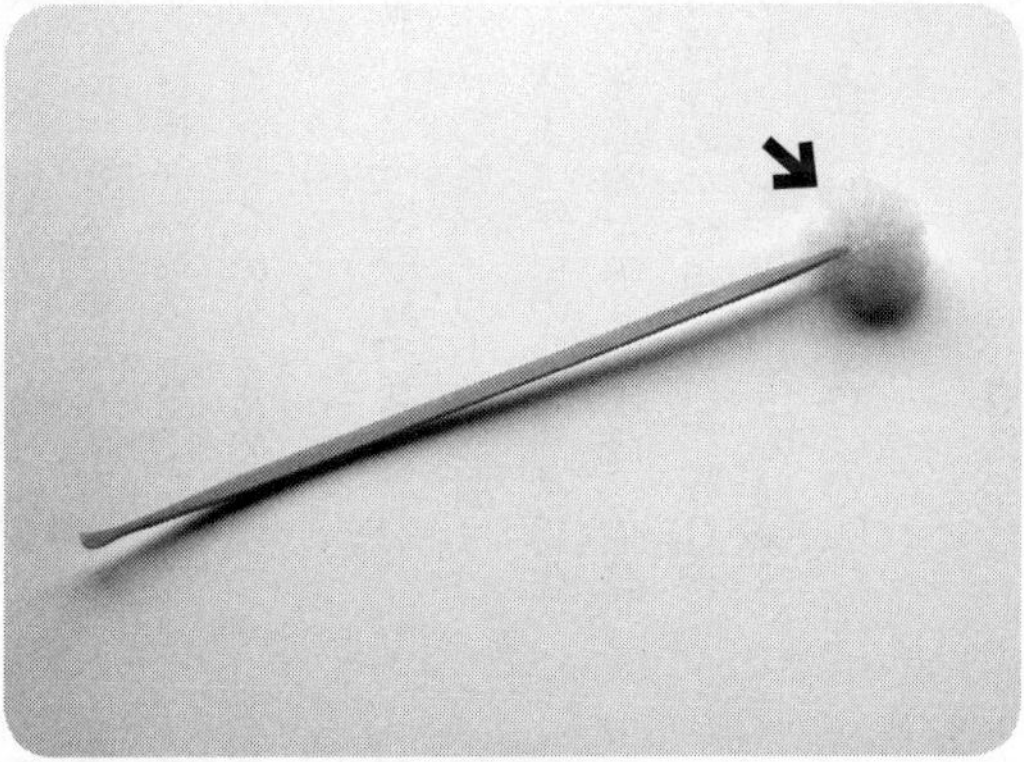

① 綿毛玉

② 梵天

③ ボア

みうらさんの解答

正解番!!
仏教的なものでしょう。

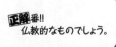

答え

079

② 梵天《ぼんてん》

耳かきについている白いフワフワは梵天といい、凡天とも書きます。アヒルの羽毛を糸で束ねて接着した梵天は、耳掃除の最後に耳の穴に差し入れ、垢を軽くぬぐうために使われます。

そもそも梵天は宗教的な言葉で、古代インドのヒンドゥー教における世界の創造主、宇宙の原理を神格化したものを意味します。また、仏教では守護神の一神を梵天と呼びます。しかし、これが耳かきの白いフワフワの名前に由来するわけではないようです。

その由来は、修験者が身につける梵天袈裟《ぼんてんげさ》が有力とされています。綿帽子状のふわっとした房が左右に二つずつあって、耳かきの梵天の形状、材質、肌触りに似ていることから、このように名づけられたというものです。そのほかにも、イカ釣り漁船が海面を照らす電球を梵天といい、白くて丸い形状が似ていることに由来するという説もあります。

問題

080

切手にある穴

① カットホール
② ミシン目
③ 目打ち

みうらさんの解答

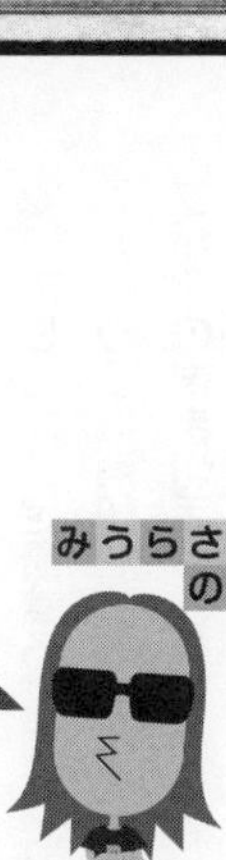

正解番!!
コレ、切手マニアなら知ってます。

答え
080

③ 目打ち

切手シートの連続した小さな穴を目打ちといいます。紙に穴を開けること、そのときに使う道具のことを昔から目打ちと呼んでいたことに由来します。

日本における最初の切手である「竜文《りゅうもん》切手《きって》」には、目打ちはありませんでした。裏のりもなく、サイズが一九・五ミリの正方形で、過去に日本で発行された切手では最小です。その後、ひとつひとつの切手をそろった形で使いやすくするため、明治五年に発行された「竜銭《りゅうせん》切手《きって》」から目打ちを入れるようになりました。ただし、関東大震災や第二次世界大戦中の緊急時には、目打ちのない切手が発行されています。一九八九年以降、手軽に貼り付けできるシール型の切手が登場しましたが、このタイプは切り取る必要がないため、目打ちはありません。

なお、世界ではじめて切手を発行した国はイギリスです。一八四〇年ごろ、距離や重さによって複雑化した料金体系を簡易化するために考案されました。当初、イギリスの切手は貼り紙を意味するラベルと呼ばれていましたが、定着することなく、その代わりに消印を意味するスタンプがそのまま切手の呼び名として広まりました。現在も切手は英語でスタンプといいます。

問題

081

傘をまとめるひも

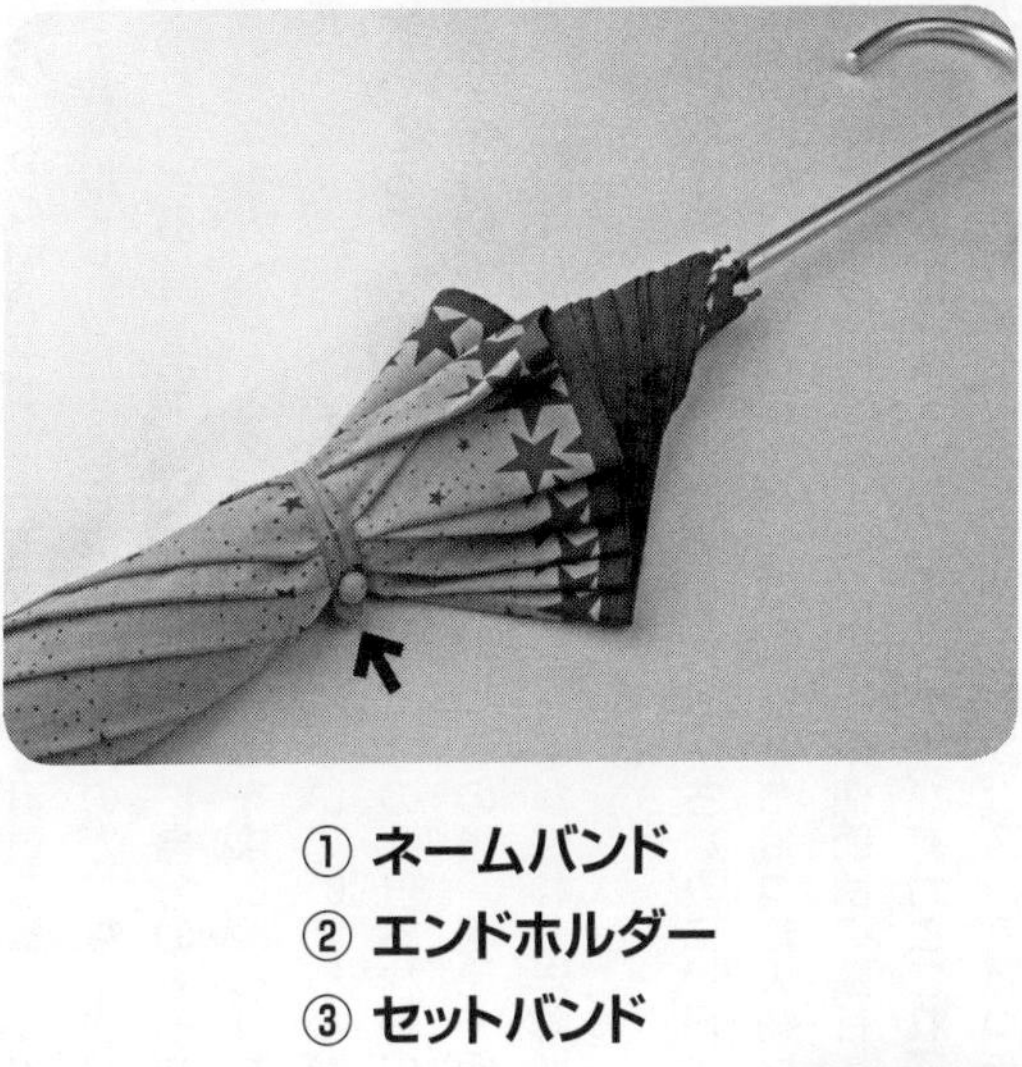

① ネームバンド
② エンドホルダー
③ セットバンド

みうらさんの解答

正解番!!
こんなとこに名前を書いておくなんて
セコイですね。

答え
081

① ネームバンド

傘を閉じるときにまとめるひもはネームバンドといいます。ネーム布、ネームベルトとも呼ばれています。その名のとおり、名前を書くところなのでネームバンドと名づけられました。

子どものころに、ネームバンドに自分の名前を書いていた記憶はありませんか。じつは昔は、大人も同じように名前を記していました。

これは日本における洋傘の歴史と関係しています。骨組みが金属でできている洋傘は幕末に日本に上陸したとされ、明治時代には文明開化のシンボルといわれるほどの人気を呼びました。いわゆる、こうもり傘と呼ばれた時代です。明治初期の洋傘は貴重な輸入品でたいへん高価だったので、なくさないようネームバンドに自分の名前を書いていました。傘をまとめるひもはもともと洋傘についていましたが、そこに名前を記すのは日本独特の習慣のようです。その後、明治一四年には国産メーカーが現れ、洋傘は日本中に普及しました。

ちなみに、日本にはじめて洋傘を持ち帰った人物は、一八六〇年の遣米使節団に随行した木村芥舟《かいしゅう》である説が有力とされています。サンフランシスコで買ったお土産のひとつだったそうです。

問題
082

本のしおりに使うひも

① スピン
② リボン
③ ひもしおり

みうらさんの解答

②番!!
コレ、つけるかつけないか、
出版経費の問題となりますね。

答え
082

① スピン

本についている細いひも状のしおりはスピンといいます。スピンはだいたい上製本（ハードカバー）についています。本の背の上端に糊づけされ、その上にカバーが貼りつけられます。

並製（ソフトカバー）の場合、通常はスピンを糊づけした上の部分を断ち切ってしまうので、スピンが残りません。上の部分の断ち切りをしないなら、並製本にもスピンをつけられますが、不揃いになってしまうので、あえてつけないケースが多いようです。

歴史をさかのぼってみると、スピンは紙製のしおりに少し遅れて登場します。初期の本はとても貴重だったので、しおりをはさむにしても傷をつけないよう慎重に扱われていました。

スピンが活躍するのは一九世紀で、おもに聖書に用いられて広まったようです。

たとえば、ローマ・カトリック教会ではミサなどを円滑に進めるため、いくつかのスピンがついた聖書を使用していたそうです。そのころのスピンはシルクやサテンのリボンを使用しており、今のスピンよりも幅広でしっかりしていました。なかには、豪華な刺しゅうが施されたものもありました。

PART.7

あなたももっているアレの名前

みんながもっている「モノの名前」をあてるコーナー。
「えっ、こんなモノに名前があったの!?」と、ビックリするモノばかり。
ジーンズやバッグ、靴のあの部分の名前がわかるかな?

誰でも普通にもっているはずだけど、
名前がよくわからない……。
そんなものを集めてみたよ。
どれくらい答えられるかな？

Let's go !

問題

083

ジーンズの右ポケットの中にある小さなポケット

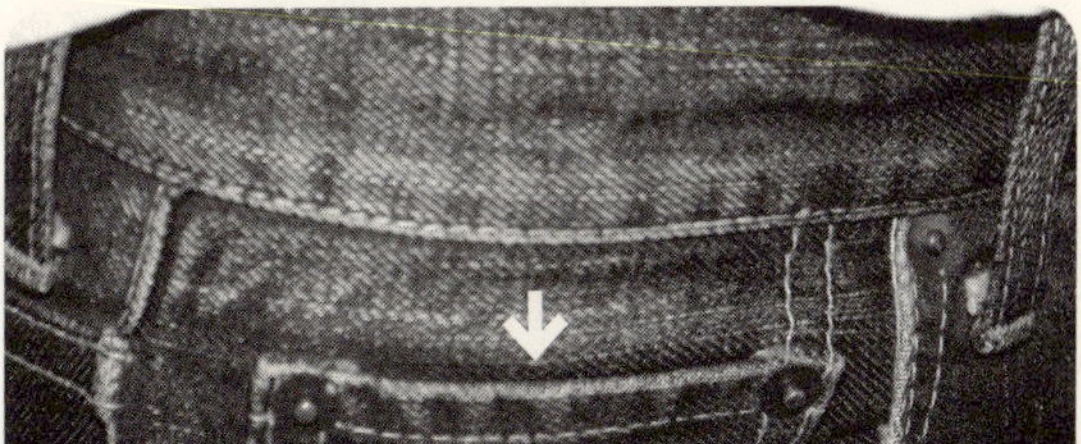

みうらさんの解答

コレはたぶん
キップを入れておくものだと思われます。
すなわち、名称は「ポキット」なわけです。

答え
083

「ウォッチポケット」

ジーンズの右フロントについている小さいポケットは、ウォッチポケット、またはコインポケットといいます。まだ腕時計が普及していない、おもに懐中時計が使われていた時代に誕生しました。

懐中時計はベストや上着のポケットに入れますが、そういった服装をしないブルーワーカーの労働者向けに、懐中時計の収納場所が必要となりました。そこで一八九〇年代に、アメリカのリーバイス社が作業ズボンであるジーンズにウォッチポケットを採用したのです。

当時、ジーンズのポケットは前の左右二つと尻の右側にしかなく、ウォッチポケットは四番目のポケットでした。ジーンズが今のようなファイブポケットになったのは、一九〇五年に左側の尻ポケットがつくられてからなのです。

その後、懐中時計よりも腕時計が広く利用される時代になりましたが、今でもコインやジッポライターを入れるのに重宝されています。

問題

084

バッグのベルトの長さを調節するアレ

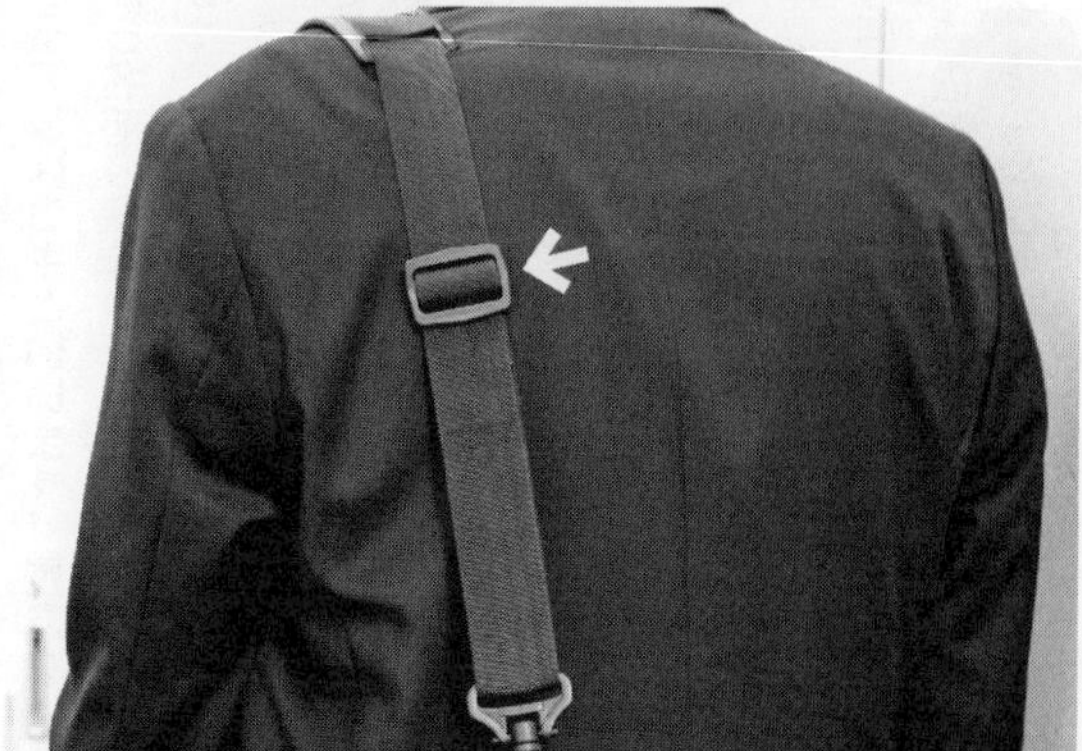

みうらさんの解答

長くも短くもできる。
すなわち自由自在ってことで「フリー」。

答え

084

「コキ」

バッグなどのベルトの長さを調節するアレはコキといいます。残念ながら名前の意味やその語源はよくわかっていません。

もともとは和装小物の巾着袋などで、木材の種類である柘植《つげ》や合金の真鍮《しんちゅう》製のひもを通す調節器のことをコキといい、少なくとも戦国時代には使われていたようです。

コキには、真ん中に一本、もしくは二本の棒があります。似たような器具で真ん中に棒がないものはカンと呼ばれます。

棒の数で一本コキ、二本コキと分けて、一本コキを単なるアジャスター（調節器）といい、コキとは区別するメーカーもあります。

真ん中の棒が動くものを線コキ、棒が動かずに角が丸いものを小判コキなど、その形状にもいくつかの種類があります。

鋳物コキ、板コキといったように材質で分類されることもあり、最近ではプラスチック製のもの（一部ではプラコキと呼ばれる）をよくみかけます。

プラスチック製のコキには、調節した長さを固定するために、中央部に滑り止めのギザギザ（ローレット加工と呼ばれる）がついていることもあります。

問題

085

靴ひもの先端のアレ

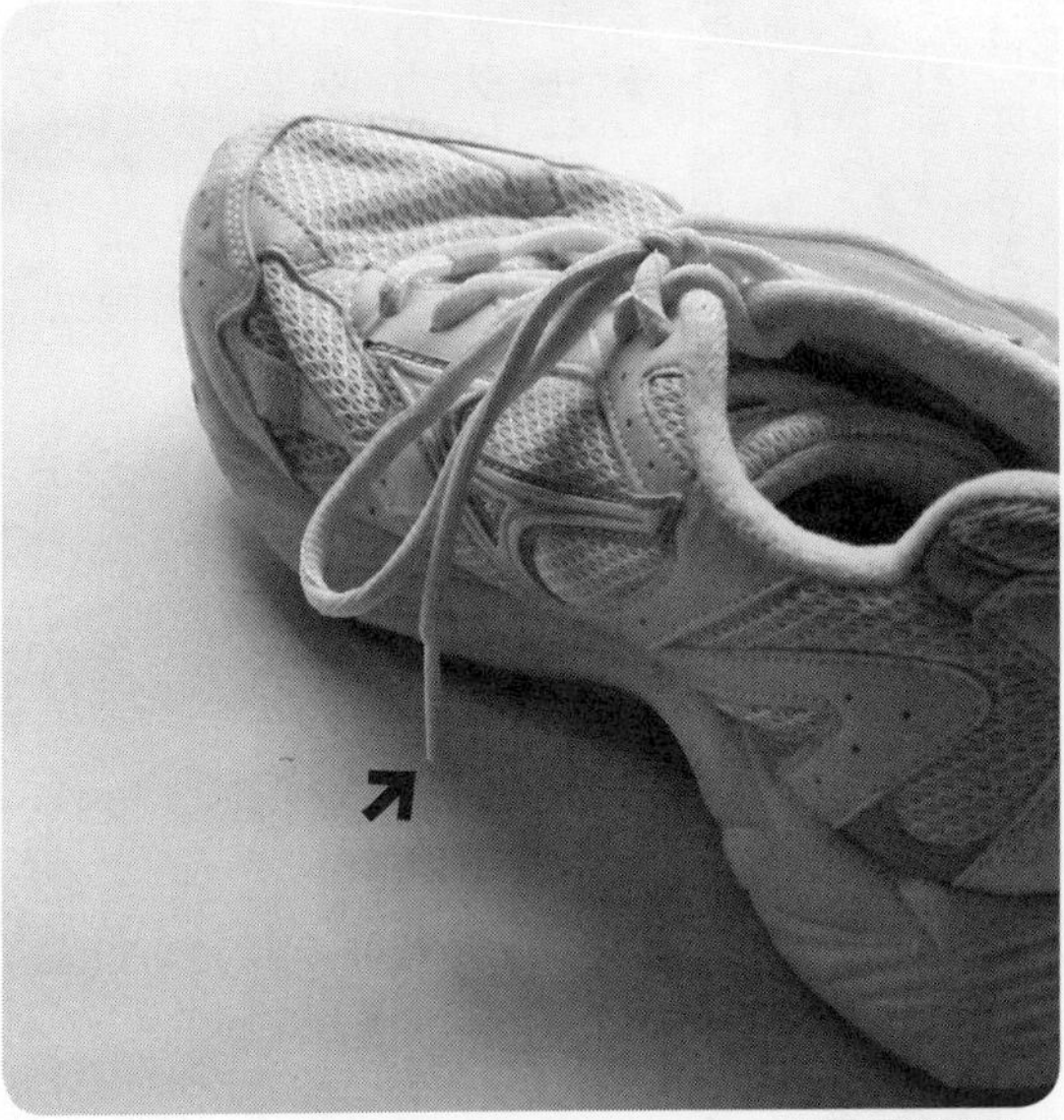

みうらさんの解答

「カモのくちばし」。

答え

085

不正解

11勝74敗

「アグレット」

靴ひもの先端をまとめているアレはアグレット（aglet, aiglet）といいます。ひもの両先端に金属やプラスチックの覆いをつけて、ひもをほつれにくくするものです。靴ひもの穴である鳩目穴《はとめあな》にとおしやすくするという役割もあります。

アグレットはフランス語の古語aiguillette（またはaguillette）から派生したもので、針を意味する言葉です。鳩目穴に靴ひもをとおす様子が針に糸をくぐらせるのと似ていることから、この名前がついたと考えられます。

古くは銅や黄銅、石などでつくられていたアグレットも、現在ではそのほとんどがプラスチック製です。

最近では、新しいタイプのアグレットとしてシューレースパイプという商品があります。これは、パイプを好きな長さにカットしてから靴ひもをとおし、ドライヤーの熱を加えて収縮させるとアグレットになるというものです。

問題

086

野球帽のてっぺんにある丸いアレ

みうらさんの解答

ベレー帽にもありますよね。
軽くつまみ上げると
頭部に新鮮な空気が入ります。
要するに「つまみ」ですね。

答え
086
「天ボタン」

帽子のいちばん上についている丸い部分は天ボタンといいます。天という字には「モノのてっぺん」という意味があり、そこから頭頂部にあるこのボタンを天ボタンと呼ぶようになりました。

はじめて帽子に天ボタンが取りつけられたのはキャスケット（頭の部分がふくらんでいるつばのついた帽子）からです。クラウンと呼ばれる布をつぎはぎしてつくられる過程で、帽子本体をまとめ、縫製が集中する部分を隠す役割で使われました。野球帽やベレー帽に天ボタンがあるのもこの名残りなのです。

今ではどちらかというとデザイン性を高めるために使われています。たとえば、プロ野球選手の使う野球帽のデザインはマイナーチェンジを繰り返しており、天ボタンの色味によって、どの年代のものかを見分けることができる場合もあります。

問題

087

角度によってみえる絵が変わるアレ

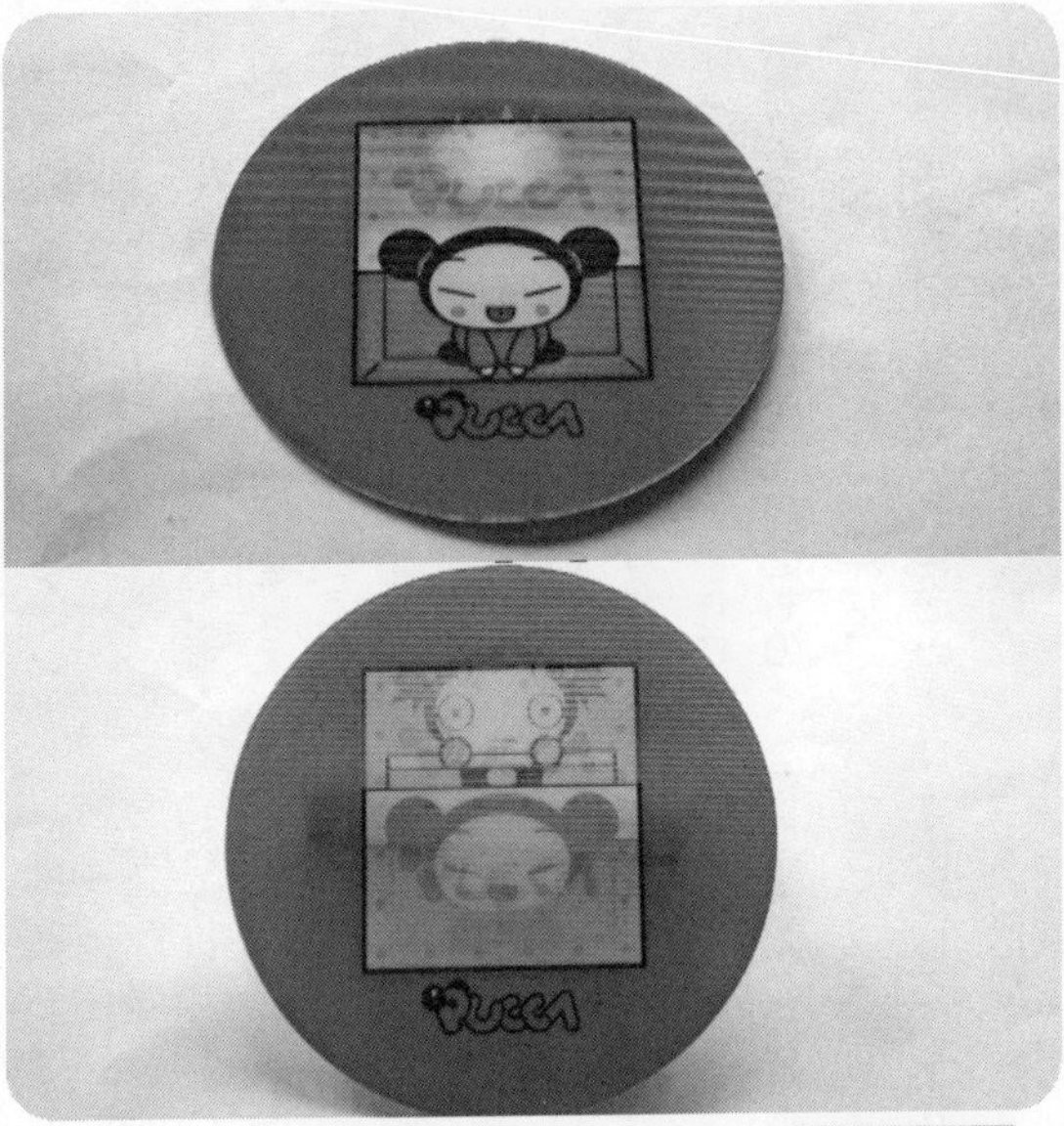

みうらさんの解答

映画“アバター”以前、
決して飛び出しはしませんが「3Dボード」と
呼ばれていたに違いありません。

答え
087

「レンチキュラー」

カードを傾けると絵柄が変わったり、立体的にみえたりするアレはレンチキュラーといいます。「レンズ型の」という意味があり、特殊な眼鏡をかけなくても、みる角度を変えるだけで誰でも立体視を味わえます。

　右目と左目は距離が離れている分、みえ方がちょっとだけ違いますが、これを両眼視差といいます。人はこの二つの映像を頭の中で合体させて奥行きを検出し、立体的にものをみるのです。レンチキュラーはこの両眼視差を利用して立体映像をみせるもので、右目用と左目用の絵を交互に並べたうえに、微細なかまぼこ型のレンズを敷き詰めます。

　レンチキュラーの技術は一九二〇年ごろに誕生しました。日本でのデビューは一九六〇年、ダッコちゃん人形の目がウインクするというものでした。

　3D映像は映画『アバター』で一気にブレイクした感がありますが、立体ものブームは昔から数十年おきに起きています。最初は一七世紀のフランスで開発された立体写真です。詩人の萩原朔太郎《さくたろう》は昭和初期にフランス式の立体写真機で立体写真を撮影しています。ちょっと前に大ブームになったステレオグラムは裸眼立体視を利用したものです。

問題

088

背広の襟にある穴

みうらさんの解答

もし選挙に出馬するようなことがあっても
大丈夫。当選の暁にはこの穴に議員バッジを。
「バッジ・ホール」。

答え

088

「フラワーホール」

校章や社員章をとめているジャケットのボタン穴はフラワーホールといいます。

ラペル（襟）ホールとも呼ばれ、おしゃれでピンバッチや勲章をつける人もいます。

その昔、ジャケットは詰襟のように、ボタンを上までとめた状態で着用していましたが、フラワーホールはその時代の名残で、ボタン穴だけが残りました。今のジャケットはボタンを外した開襟《かいきん》スタイルということです。

一九世紀後半から二〇世紀初頭に、このボタン穴にコサージュなどの花を挿《さ》すのが流行し、そこからフラワーホールという名がつきました。イギリスのエドワード七世が花を飾っている姿が有名です。

エドワード七世は王室発のファッション・リーダーで、彼のお気に入りだったイギリスのテーラーにはヨーロッパどころか世界中から人が集まるほどでした。王が行きつけだったテーラーはヘンリー・プールという今も現役のお店で、白洲次郎もここで洋服を仕立ててもらっていたそうです。

ちなみに、テーラーのあるサヴィル・ロウ地区は、一説には日本語の背広の語源ともいわれています。

問題

089

メガネのツルを取りつける部分

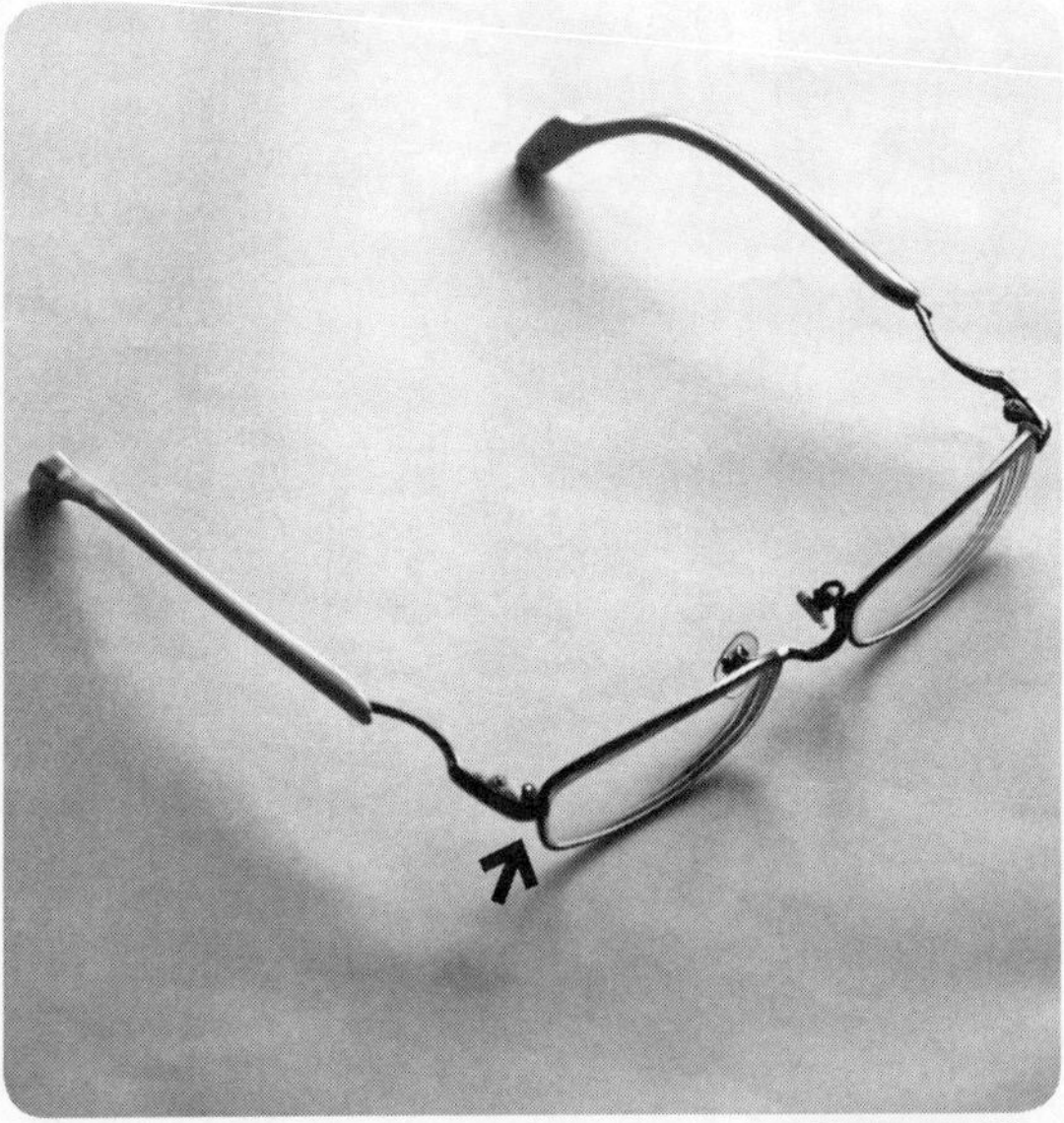

みうらさんの解答

「踊り場」。

答え
089
「智《ち》」

メガネのツルを取りつけている部分を智といいます。智元《ちもと》、ヨロイとも呼ばれます。

智、智元の名前の由来はよくわかっていませんが、ヨロイはパーツの形状が戦国武将の鎧かぶとの肩部分（肩鎧）に似ていることに由来するとされています。なお、ツルはテンプル、レンズを固定している縁の部分はリムと呼ばれます。

智はメガネフレームの印象を決める重要なパーツなので、凝ったつくりになっています。

たとえば、フロントからツルまでがなめらかにつながっている曲智《きょくち》、フロントと一体になって成型された頑丈な一個智《いっこち》、ツル開閉時のネジの緩みを抑えるために、左右の智を上下左右逆にした逆智《ぎゃくち》、レンズをとめるリムと蝶番《ちょうつがい》が一体になっていて、ネジを外すと割れるようにリムが外れる割《わ》れ智《ち》など、たくさんの種類があります。

ちなみに、メガネのフレームは、国内では九〇パーセント以上が福井県で製造されています。

福井で盛んなメガネ産業は、一九〇五年に増永《ますなが》五左衛門《ござえもん》が大阪から職人を招聘《しょうへい》して製造技術を普及させたことにはじまり、現在にいたるまで一〇〇年以上の歴史を誇っています。

問題

090

腕時計の横にある出っ張っているネジ

みうらさんの解答

「正解」でしょ。
よくオヤジが「正解巻かな止まる」といってました。

答え
090

「リュウズ」

腕時計や懐中時計の突起をリュウズ（竜頭）といいます。お寺にある釣鐘《つりがね》の頭部も竜頭と呼ばれており、これに形が似ていることに由来すると考えられています。

時計のリュウズは、もともとゼンマイを巻くためのものですが、自動巻きやクオーツ式に変わった今でも時刻合わせに使われています。

英語ではクラウン、ウィンディングボタン、または単にボタンと呼ばれます。リュウズの形にも丸型、角型、平型、ファセット型といったものがあります。

ファセット型とは、リュウズトップの側面が削られていてやや丸みを帯びたものを指します。リュウズで手首を傷めない、リュウズ自体を保護するといった目的で上下につけられたものは、リュウズガードといいます。ダイバーズウォッチで使われているリュウズは、ねじ込み式のスクリューロックリュウズと呼ばれ、防水性に優れたしくみとなっています。

一般的にリュウズで時刻を合わせるときは、外側に引っ張る構造になっていますが、アンティークでは押してまわすタイプのものもあります。また高級時計には、メーカーのロゴが刻印されている商品が多いのも特徴です。

PART.8

あなたの家にあるアレの名前

最後はみんなの家でみかける「モノの名前」をあてるコーナー。デスクやちゃぶ台、テーブル、化粧台、トイレなどでみかけるアレにももちろん名前があるよ。

よく家でみかけるのに、
名前があるなんて
考えもしなかったものだらけ。
意外な名前にきっとおどろくはず！

Let's go !

問題
091

ホッチキスのお尻にある芯を抜き取るアレ

みうらさんの解答

「トルーパー」。

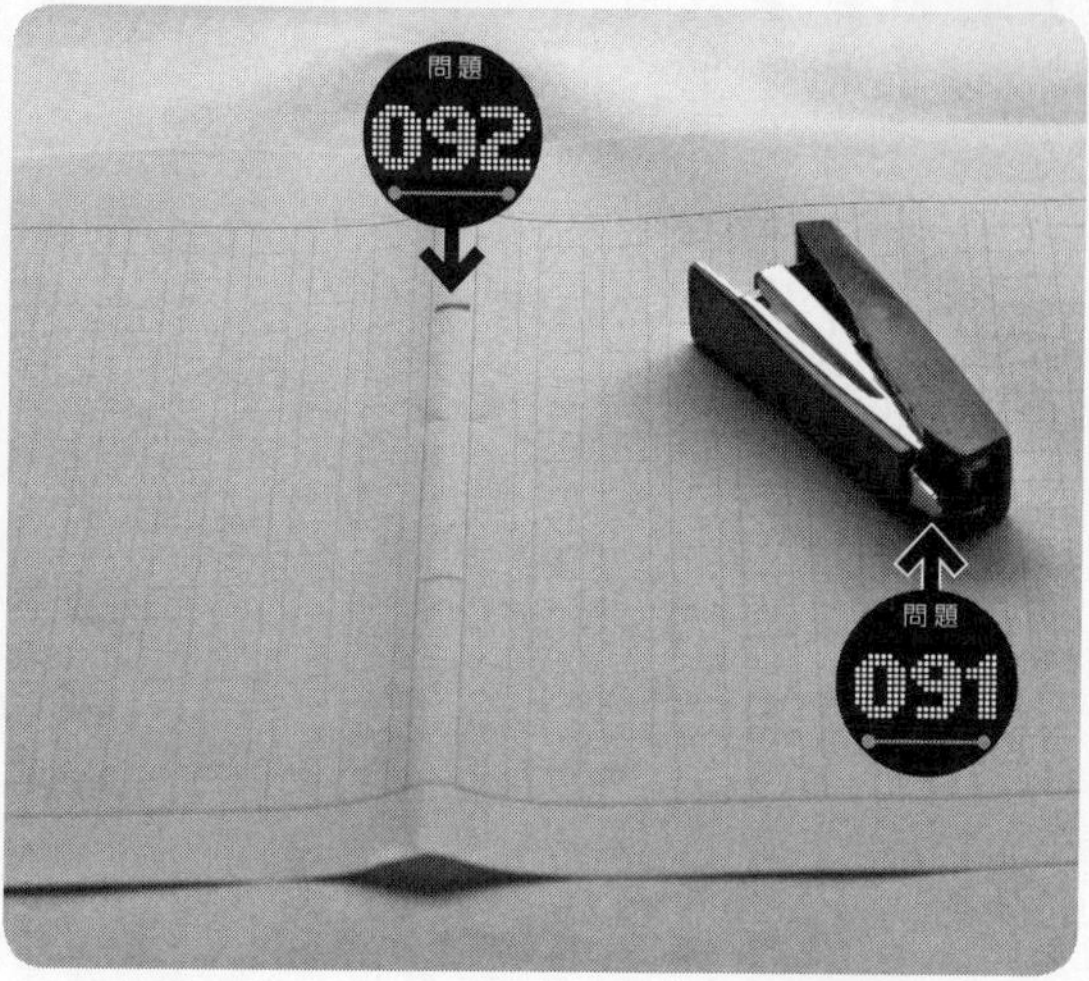

問題
092

原稿用紙の真ん中にあるアレ

みうらさんの解答

「補助足」。

答え 091

「リムーバ」

ホッチキスの芯を取り除くアレはリムーバといいます。英語のremover（取り除くためのもの）という単語に由来します。ホッチキスを発明したのは、機関銃を発明したベンジャミン・B・ホッチキス説や、兄の発明をヒントに考案した弟のエーライ・H・ホッチキス説があります。

ホッチキスにリムーバが付属したのは昭和三四年ごろで、日本のホッチキス市場で圧倒的なシェアを誇るマックス株式会社がより利便性を高めるために開発しました。それ以来、小型タイプであればリムーバと一体型のホッチキスが主流です。

答え 092

「魚尾《ぎょび》」

原稿用紙の真ん中にあるアレは魚尾といいます。魚の尾っぽに似ていることに由来します。もともと原稿用紙の真ん中の空行にひとつだけついており、版面の中心を表すものとして使われていました。

後に上下二つにすることで、原稿用紙を真ん中からきれいに折れるように改良されました。こうして折られた原稿用紙を重ねて綴《と》じ、昔の人は製本作業を行っていたのです。

なお、行と行の間にある隙間はルビ罫《けい》といってふりがなを記入する際に使いますが、本来は漢文の返り点や送り仮名の訓点を入れるためのものでした。

問題

093

湯のみや茶碗の下にあるアレ

みうらさんの解答

ま、フツーは“台”ですけどね。無きゃ転がっちゃうでしょ。「ダルマ止め」。

問題

094

飲料缶にある押し込み式のふた

みうらさんの解答

「押し込み式プルトップ」。

答え
093
「糸尻《いとじり》」

茶碗や湯のみについている足の部分を糸尻といい、糸底《いとぞこ》、高《こう》台《だい》とも呼称します。陶磁器をろくろで成形するときに、糸を使って底部を切り取ることから、このように呼ばれています。

焼き物が台に直接接触するのを避ける目的で取りつけられました。そのため、器に美しい光沢を与える釉薬《ゆうやく》が施されておらず、表面はザラザラしています。

また、日本には器を手にとって食事をするという独特の食文化があるため、糸尻があれば、食器の熱が伝わりにくくて手にとりやすいという利点があります。

答え
094
「ステイ・オン・タブ・エンド」

飲料缶についているプルトップのふたをステイ・オン・タブ・エンドといいます。本体からはずれないつまみ（stay on tab）の開口部（end）を意味します。従来はプルトップが外れるプルタブ式でしたが、一九八九年にステイ・オン・タブ式が誕生し、一九九〇年代にはこれが主流となりました。

この方式では、開口部が左右非対称に設計されており、てこの原理を利用して、支点の下にある溝から時計回りに切れ進むようになっています。左右非対称にすることで、力が片方に集中し、ふたを楽に開けることができるのです。

問題
095
宝くじ売り場などにある簡易型の鉛筆

みうらさんの解答

当然、形状からして「ダーツ」。「宝くじは当たるかどうかわかりません」というオヤジギャグですね。

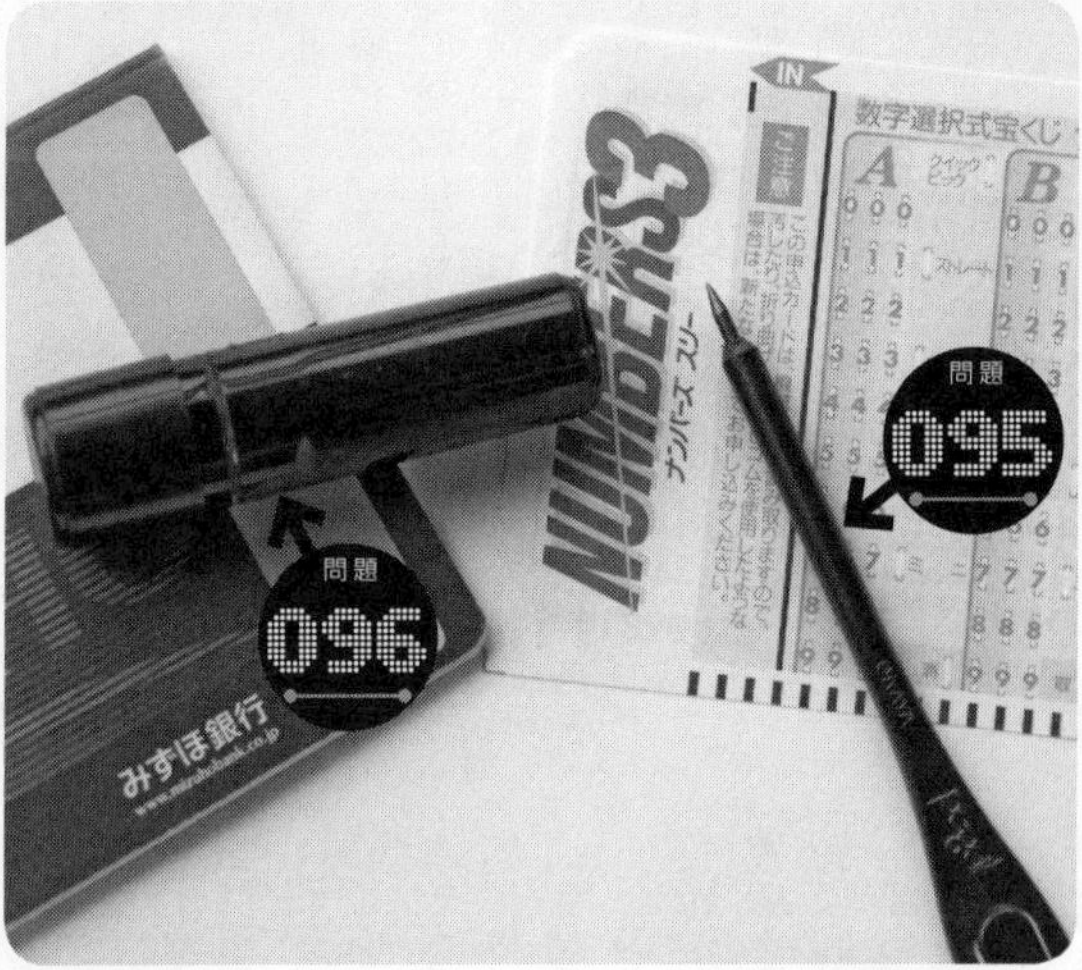

問題
096
印鑑にある側面のくぼみ

みうらさんの解答

こんなのありましたっけ？

答え 095

「ペグシル」

あのコンパクトな筆記具はペグシルといいます。ゴルフ用品を製造・販売する岡屋株式会社の創業者、井尻保宏氏が一九七四年に考案しました。

当時、ゴルフ場でスコアをつける際に鉛筆を使っていましたが、ポケットが汚れるなど持ち運びには向いていませんでした。あるとき、井尻氏がゴルフ場の売店で牛乳瓶のキャップを外す栓抜きをみかけ、そこからペグシルを思いつきました。プラスチックの型に鉛筆をはめこむのに大変な技術を要しましたが、一九七五年に完成して、今では月産一〇〇〇万本の大ヒット商品です。

答え 096

「さぐり」

印鑑を押すときに指先で確認できるへこみの部分をさぐりと呼びます。アテ、アタリともいい、印鑑の上下がわかるようにつけられています。

認印には当たり前のようについていますが、実印のように重要な契約に用いる機会の多い印鑑にはほとんどさぐりがついていません。

そのおもな理由には、重要な契約を交わす際に印鑑の上下を確認する時間があると、その契約に判を押してよいか自問できるからということがあります。また、印鑑に傷をつけるのは縁起が悪いと考え、さぐりなしで印鑑をつくる人もいます。

問題

097

カーテンを束ねるアレ

みうらさんの解答

これは日本独自のセンスですね。海外でもこう呼ばれているでしょう。「OVI」。

問題

098

オルゴールを鳴らす筒状のアレ

みうらさんの解答

「雨降らせ棒」。きっとそんなロマンチックな名称に違いありません。

答え 097

「タッセル」

たまに片方だけなくしてしまい、適当なひもで代用することもあるアレはタッセルといいます。タッセルは房飾り、またはトウモロコシの穂を意味します。

日本では一般的にカーテンと同じ生地でつくられた、まとめるだけの実用的なものが多いのですが、ヨーロッパではまさにトウモロコシの房のような、長めでゴージャスな装飾タッセルが人気で、リボンやビーズで飾って室内のデザインにアクセントをつけています。ちなみに、ローファーやウエスタンブーツのひらひら飾りもタッセルと呼ばれています。

答え 098

「シリンダー」

オルゴールの中にあるアレはシリンダーといいます。シリンダーに並んでいる細かいピンは楽譜の役割をしています。そのすぐ横には金属製の櫛歯《くしば》が設置されており、櫛歯が回転するシリンダーのピンをはじくことで響いて音楽を奏でるのです。

内蔵されているドラムやベルが音楽に合わせて鳴るのはオーケストラ・オルゴールで、その指示はシリンダーに記録されています。オルゴールは一九世紀のヨーロッパで進化を遂げ、小さなオルゴールを嗅《か》ぎ煙草《たばこ》入れに組み込んだものや、オルゴールのジュークボックスなどがありました。

問題
099
台紙と プラスチックで パッケージしたアレ

みうらさんの解答

これは「●●●正解●●●」ですね。マニアは開けてはいけません。

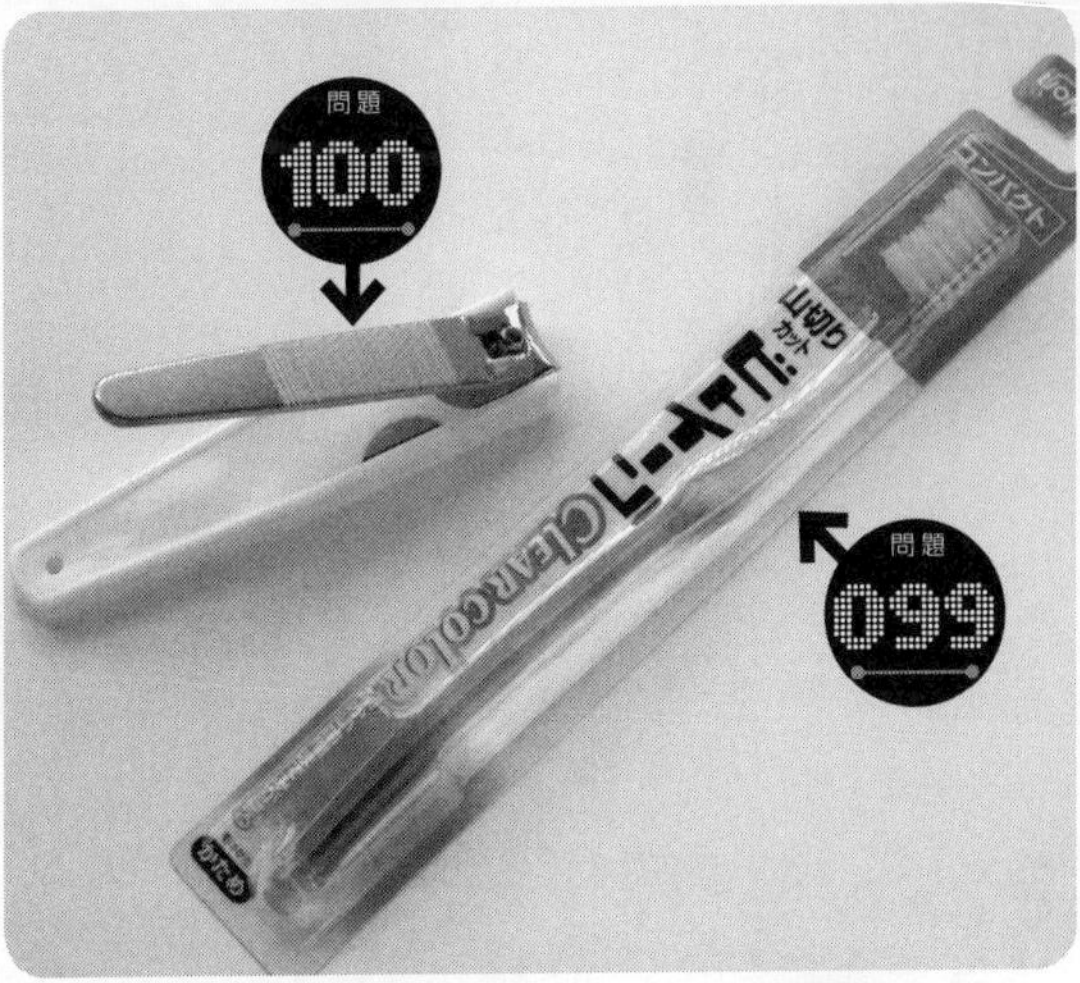

問題
100
爪切りに ついている ヤスリの部分

みうらさんの解答

爪というと連想するのは女性と猫でしょ。ヤスリの部分はプリティに「猫の舌」なんて呼ぶでしょ。ザラザラしてるから表面。

答え

099

「ブリスターパック」

台紙に貼ったプラスチックの透明パッケージの名前はブリスターパックといいます。ブリスターとは英語で「水ぶくれ」を意味します。

プラスチックシートを真空成型してくぼみをつくり、その中に商品を入れるため、商品とパックの間には若干のすきまがあります。

パッケージとして商品を保護し、なおかつ透明部分で商品をディスプレイする必要があるときに用いられます。一般的に台紙には穴が開けられ、多くはフック式で陳列されるので、ぶら下げパックという通称もあるそうです。

答え

100

「ネイルファイル」

爪切りについているヤスリはネイルファイルと呼ばれます。ネイルは爪、ファイルにはヤスリという意味があり、そのままのネーミングです。爪切りの付属品ではなく、ネイルケア用品として単体で用いられるものもあり、そちらもネイルファイルと呼ばれています。

なお、明治以前の爪切りには、小刀やハサミが使われていました。平安時代には爪磨《つまと》と呼ばれる砥石《といし》で爪のすり磨きを行っていたようです。小刀で爪を切りとったのち、茎がざらざらとした植物である木賊《とくさ》を木片に貼りつけたものを、ヤスリとして用いたともいわれています。

問題

101

ワインボトルの底のくぼみ

みうらさんの解答

隆起してできた火山「ボルケーノ」。

問題

102

炭酸飲料のペットボトルの底の形状

みうらさんの解答

「痔」。

答え
101

「パント」

ワインボトルにある底のくぼみはパント、もしくはキックといいます。フランス語ではcuと表記し、尻、底という意味があります。

昔のワインには、貯蔵している間に澱《おり》と呼ばれる沈殿物がたまりやすい性質がありました。そのため、底上げしてビン底を円すい台形にしておくことで、注ぐときに澱がすそ野にたまってとどまり、ビンの口から出にくくなったそうです。

そのほかに、手吹きガラス細工の形の名残、ボトルに強度をもたせると同時に中身を多くみせる効果があるなど、パントがついた理由には諸説あります。

答え
102

「ペタロイド」

炭酸飲料のペットボトルの底の形をペタロイドと呼びます。その花弁のような形状から、英語で「花弁の形をした」を意味するペタロイドと名づけられました。

ボトル内に充満した炭酸ガスの圧力を分散させて、内部の圧力に耐えられるようなデコボコの形状をしています。

当初はボトルの底が丸かったので、圧力に屈して倒れてしまうという問題がありました。そこで、炭酸ガスに対応した形状が開発され、一九七四年にアメリカではじめて炭酸飲料用のペットボトルが使用されるようになりました。

問題

103

寿司などに飾ってある葉っぱ型のアレ

みうらさんの解答

この葉っぱ状のものは境を示しています。「ステッチ」ですね。

問題

104

醤油を入れる魚型のアレ

みうらさんの解答

あくまで魚の一種でしょうし、「醤《しょう》油《ゆ》魚《ぎょ》」と呼ぶのが相応しいでしょう。

答え 103

「バラン」

弁当や寿司の間仕切りに使われる、緑色のプラスチック製のアレはバラン、もしくはハランといいます。ハラン（葉蘭）という中国原産のユリ科の植物に由来します。冬でも艶のある大きな緑葉をつけるハランは、その防臭作用、防食中毒作用が期待され、長く食器として利用されており、それが日本の料理にも取り入れられたのです。

今では大半のものがビニール製で殺菌作用はなく、仕切ったり装飾したりするのに使われます。生の葉と区別する意味で、慣用的に生の葉をハラン、ビニール製をバランと呼ぶことが多いようです。

答え 104

「ランチャーム」

魚型のタレ容器はランチャームといいます。大阪にある旭創業という会社の創業者、渡辺輝夫氏が開発しました。

タレ瓶といえばガラスか陶器製が主流でしたが、ポリエチレンの時代の到来を予見し、昭和二九年に試行錯誤の末に製造機械をつくって容器を完成させたのです。英語のランチ（昼食）とチャーム（魅力）を組み合わせて命名しました。

なお、旭創業以外のものは「たれびん」と呼び、その見分け方は尻尾に丸旭マークがあるかどうかです。ランチャームにはおめでたい金色、点字入りなどさまざまな種類があります。

問題
105

トイレ詰まりを解消するアレ

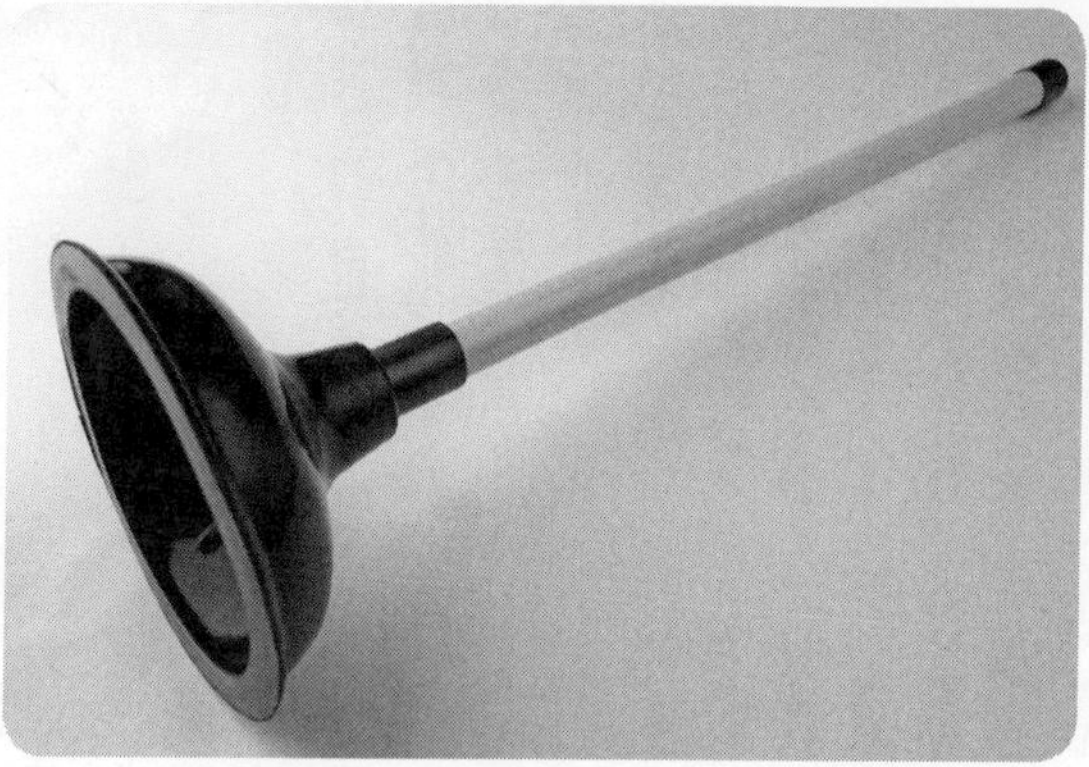

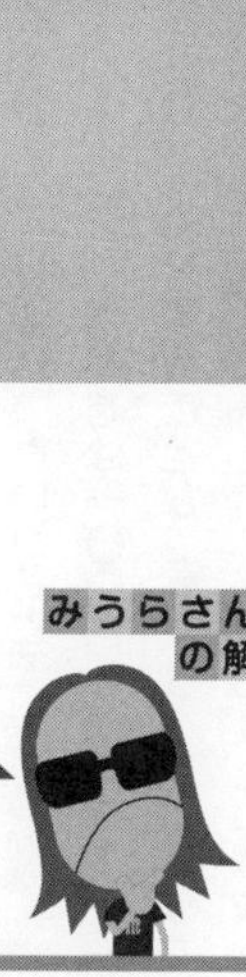

みうらさんの解答

「スッポン」と
昭和の家庭では呼ばれていたもの。
平成になってもとくに変わっていないでしょう。

答え

105

「ラバーカップ」

トイレが詰まったときに使うアレの名前はラバーカップといいます。ラバー（ゴム）製のカップが先端に付属していることから、このように名づけられました。

ラバーカップは清掃用具のひとつで、台所や風呂、トイレの排水の詰まりを解消するために使われます。英語ではプランジャーと呼び、海外では日本よりも出番が多いようです。その原因はトイレットペーパーの質にあって、日本製は水によく溶け、詰まりにくいのです。

ラバーカップは清掃以外にも使われており、アメリカでは心臓マッサージに用いて、一命をとりとめたという事例があります。これを受けて、ラバーカップによく似た働きをする、カーディオポンプという救急用具が開発されたほどです。

また海外では、ひとりが剣を、もうひとりがラバーカップをもってケンカした際に、ラバーカップで相手の胃をひと突きした結果、吸いついて離れなくなり、病院に担ぎ込まれたというニュースが報じられたことがあります。「ラバーカップは剣より強し」ということでしょうか。

現在では一〇〇円ショップでも購入することができます。さまざまな用途に備えて、一家にひとつは欠かせない一品です。

問題

106

シャンプーの側面にある凸凹したアレ

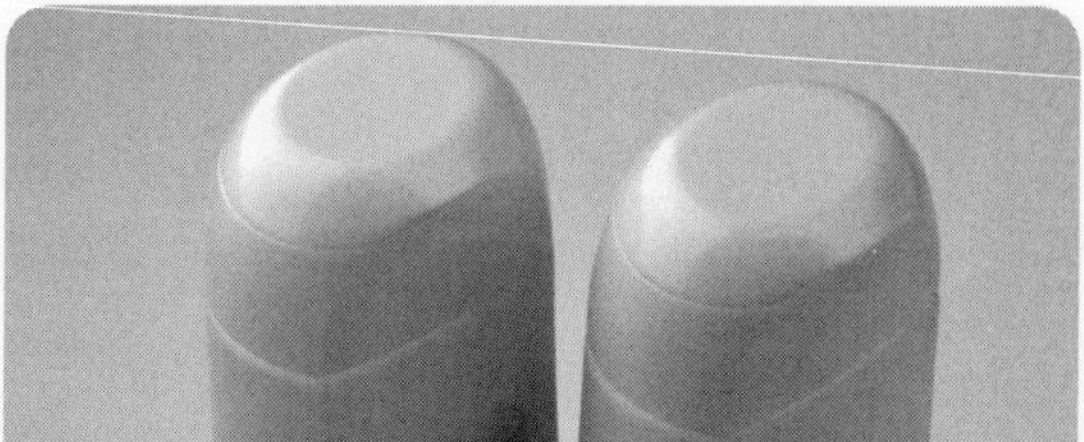

みうらさんの解答

シャワーを浴びているとき、
手探り状態でシャンプーかリンスを
見分けるわけですからね。
この名称は「シャンプーだぞ」です。

答え
106

「識別のリブ」

シャンプーのボトルの脇についているギザギザの刻みは識別のリブといいます。これは、リンスと区別するためについているしるしです。

一九九一年に花王が開発し、一時は実用新案を取得しましたが、その後、権利を放棄しました。そして、業界の他社に働きかけて、シャンプー容器についたギザギザの規格が日本のスタンダードとなりました。今ではアジアの国々でも使用されています。

このシャンプーのギザギザはユニバーサルデザインの代名詞としても知られています。ユニバーサルデザインとは、高齢者や障害者だけでなく健常者も含めたすべての人が使いやすい規格のことです。

一九八五年に米国・ノースカロライナ州立大学のロナルド・メイス教授がはじめて提唱しました。建築家で工業デザイナーでもあるメイス教授は、九歳でポリオにかかって以来、酸素吸入器を手放せない生活をしてきました。その経験から、障害者用ではなく、誰もが快適に過ごせるデザインが必要だと考えたのです。

彼の唱えたユニバーサルデザインの七原則には、「誰にでも公平に利用できる」「身体的な負担が少なく楽に使うことができる」などが掲げられ、世界中で認知されています。

みうらさんの成績表

トータル	13勝93敗	正答率	12%
PART.1	00勝14敗	正答率	00%
PART.2	00勝22敗	正答率	00%
PART.3	04勝12敗	正答率	25%
PART.4	00勝11敗	正答率	00%
PART.5	01勝08敗	正答率	11%
PART.6	06勝04敗	正答率	60%
PART.7	01勝07敗	正答率	13%
PART.8	01勝15敗	正答率	06%

「ほどほどに知っていればいい」といっていたみうらさんですが……。あなたの正解率は？


やっぱり、ほとんど知らなかった。知らないもんで一生懸命、ボケるしかなかった。一生懸命ボケたくない人は覚えるのがいいだろう。でも、本当に知っておかなきゃならないことは親と彼女の誕生日。

人生を少しでも豊かに暮らしていかれることを切に願います。

それでは、また！

〝類推言葉〟索引

本書を一読しただけでは、すべてのものの名前を覚えるのはむずかしいでしょう。そこで、ものの名前から類推される言葉を索引としてピックアップしました。文中に掲載されている単語だけでなく、写真やイラストから思い浮かべることができる言葉や擬音語、擬態語などを取りあげています。表記したページ数は各問題の解説のページに該当します。

さ行

な行

は行

『図でわかる大工道具』永雄五十太、理工学社
『スポーツ用語事典』日本体育協会監修、ぎょうせい
『製本用語事典』日本製本紙工新聞社
『世界大百科事典』平凡社
『世界で一番おもしろい　鉄道の雑学』櫻田純監修、青春出版社
『世界鉄道百科図鑑』デイヴィッド・ロス、悠書館
『世界の民族衣装の事典』丹野郁監修、東京堂出版
『全解・日本剣道形』剣道日本編集部、スキージャーナル
『続　日本史モノ事典』平凡社
『大車林　自動車情報事典』三栄書房
『大西部物語』タイムライフブックス
『使える製菓のフランス語辞典』小阪ひろみ、山崎正也、柴田書店
『鉄道雑学館』武田忠雄、成美堂出版
『TVムック　謎学の旅　PART2』日本テレビ社会情報局、二見書房
『土・日で覚えるロッククライミング』ケヴィン・ウォーカー、同朋舎出版
『日・仏・英・伊 4ヵ国ワイン用語集』三谷太、飛鳥出版
『日本国語大辞典』日本大辞典刊行会編、小学館
『日本人の身体能力を高める「和の所作」』安田登、マキノ出版
『日本大百科全書』日本大辞典刊行会編、小学館
『日本なんでもはじめ』泉欣七郎、千田健、ナンバーワン
『日本の色辞典』吉岡幸雄、紫紅社
『日本の古寺美術　法隆寺II　建築』藤井恵介、保育社
『日本の酒文化総合辞典』荻生待也、柏書房
『日本初めて話題事典』富田仁、ぎょうせい
『HOW TO PLAY ダーツ』日本ダーツ協会、PHP研究所
『はじまりコレクションII　だから"起源"について』チャールズ・パナティ、フォー・ユー
『パティシエのためのスイーツ用語辞典』木村成克監修、誠文堂新光社
『被服学辞典』阿部幸子他編、朝倉書店
『びんの話』山本孝造、日本能率協会
『ペットボトルのお茶の本』宮原昌子監修、エイ出版社
『ベトナム』ジェームズ・サリバン、日経ナショナルジオグラフィック社
『ベトナムの事典』石井米雄監修、同朋舎
『包装実務ハンドブック』新田茂夫監修、日刊工業新聞社
『マイペディア』平凡社
『三島市誌　下巻』三島市誌編纂委員会編、三島市
『耳かきがしたい』上野玲、ジャイブ
『明治事物起原』石井研堂、筑摩書房
『眼鏡の社会史』白山晰也、ダイヤモンド社
『メンズウェア100年史』キャリー・ブラックマン、ブルース・インターアクションズ
『メンズ・ファッション用語大事典』吉村誠一、誠文堂新光社
『ランダムハウス英和大辞典』小学館
『ローマ教皇事典』マシュー・バンソン、三交社
『ロシアのコスチューム〈5〉1890-1917』芹川嘉久子訳、丸ノ内出版

参考文献

『アイスクリーム』宮地寛仁、農山漁村文化協会
『アメリカ・インディアン』デヴィッド・マードック、同朋舎出版
『アメリカの鉄道史』近藤喜代太郎、成山堂書店
『アラビア文化の遺産』ジクリト・フンケ、みすず書房
『イギリス祭事・民俗事典』チャールズ・カイトリー、大修館書店
『1号機関車からC63まで』片野正巳、ネコ・パブリッシング
『インド』辛島昇監修、新潮社
『腕時計雑学ノート』笠木恵司、並木浩一、ダイヤモンド社
『英国流ダーツ入門』長谷川洋、ブイツーソリューション
『Encyclopedia of the Book』Geoffrey Ashall Glaister、Oak Knoll Press
『鉛筆と人間』ヘンリー・ペトロスキー、晶文社
『オールカラー・6か国語大図典』ジャン・クロード・コルベイユ、アリアーヌ・アルジャンボ、小学館
『落合流、お洒落術。』落合正勝、世界文化社
『オルゴールの詩』名村義人、風間憲二、音楽之友社
『オルゴールのすべて』上島正、永島ともえ、オーム社
『カウボーイ』デヴィッド・マードック、同朋舎出版
『科学技術35万語大辞典』インタープレス対訳センター編、アルファベータ
『機械式時計「解体新書」』本間誠二監修、大泉書店
『決まり文句語源辞典』堀井令以知編、東京堂出版
『弓道　虎の巻』スキージャーナル
『キリスト教礼拝・礼拝学事典』今橋朗、竹内謙太郎、越川弘英監修、日本キリスト教団出版局
『近代事物起源事典』紀田順一郎、東京堂出版
『暮らしのことば　新語源辞典』山口佳紀編、講談社
『建築史　日本の建築』古賀秀策、藤田勝也編、京都造形芸術大学
『建築大辞典　第2版』彰国社
『剣道を知る事典』日本武道学会剣道専門分科会編、東京堂出版
『古典ラテン語辞典』國原吉之助、大学書林
『最新　スポーツ大事典』岸野雄三、大修館書店
『歯科診療補助　歯科器械の知識と取り扱い』石川達也他、医歯薬出版
『JISハンドブック　光学機器』日本規格協会
『JISハンドブック　自動車Ⅰ』日本規格協会
『卓袱料理のすすめ』古場久代、長崎文献社
『自動車の百科事典』自動車技術会編、丸善
『事物起源辞典　衣食住編』朝倉治彦他編、東京堂出版
『小学館ロベール仏和大辞典』小学館
『蒸気機関車の技術史』齋藤晃、交通研究協会
『新カトリック大事典』上智学院新カトリック大事典編纂委員会編、研究社
『新・田中千代服飾事典』田中千代、同文書院
『新ファッションビジネス基礎用語辞典』バンタンコミュニケーションズ企画・編集、チャネラー
『スーツの神話』中野香織、文春新書
『図解スポーツ大百科』フランソワ・フォルタン編著、悠書館
『すしの事典』日比野光敏、東京堂出版
『図説　服装の歴史　下』アドルフ・ローゼンベルク、エードゥアルト・ハイク、国書刊行会

監修者紹介

みうらじゅん

1958年、京都府生まれ。1980年、武蔵野美術大学在学中に漫画家デビュー。以降、作家、漫画家、イラストレーター、ミュージシャンなど多岐にわたる分野で活躍中。1997年には「マイブーム」で新語・流行語大賞を受賞。著書に『見仏記』シリーズ（いとうせいこうとの共著、KADOKAWA）、『とんまつりJapan』（集英社）、『マイ仏教』（新潮社）、『色即ぜねれいしょん』（光文社）、『自分なくしの旅』（幻冬舎）、『「ない仕事」の作り方』（文藝春秋）など多数。

本文デザイン……松原卓（ドットテトラ）
本文イラスト……木村図芸社
ＤＴＰ……株式会社オノ・エーワン
編集協力……株式会社オメガ社

この作品は、2010年10月にＰＨＰ研究所から刊行された『アレの名前大百科』を加筆・修正したものである。

PHP文庫　アレの名前大百科

2016年10月17日　第1版第1刷

監修者　みうらじゅん
発行者　岡　修平
発行所　株式会社ＰＨＰ研究所
東京本部　〒135-8137　江東区豊洲5-6-52
文庫出版部　☎03-3520-9617(編集)
普及一部　☎03-3520-9630(販売)
京都本部　〒601-8411　京都市南区西九条北ノ内町11

PHP INTERFACE　http://www.php.co.jp/

印刷所
製本所　共同印刷株式会社

ISBN978-4-569-76629-4

PHP文庫好評既刊

オトコとオンナの生物学

池田清彦 著

なぜ男は鈍い？ 女の話はなぜ長い？ 人はなぜ嘘をつくのか？――テレビで人気の生物学者が、人間の変な習性を生物学から解き明かす。

定価 本体六二〇円（税別）